2008年全国二级建造师执业资格考试考前强化训练

建设工程法规及相关知识
模拟试题

全国二级建造师执业资格考试命题研究小组　编写

人民交通出版社

内 容 提 要

本书是严格按照国家建设部、人事部2008年最新修订的《二级建造师执业资格考试大纲》及《全国二级建造师执业资格考试用书》编写而成，其目的是帮助广大工程建设第一线管理人员顺利通过国家二级建造师执业资格考试。

本系列丛书的特点是所有模拟题编写顺序完全与大纲保持一致，便于应试复习查阅；题型与考试要求完全一致，便于适应应试环境；知识点、考试点精而全，便于掌握考试重点；模拟题权威逼真标准，便于考生实战演练；题后附有参考答案，便于应试自测。所以本书是专门为参加二级建造师执业资格考试的应试人员成功过关量身打造的不可多得的考前必备用书。

本书主要作为全国二级建造师执业资格考试人员的复习考试过关必备教材，也可作为建设工程管理人员和高等院校相关专业师生的学习参考资料。

图书在版编目（CIP）数据

建设工程法规及相关知识模拟试题/全国二级建造师执业资格考试命题研究小组编写.—北京：人民交通出版社，2008.3
（2008年全国二级建造师执业资格考试考前强化训练）
ISBN 978-7-114-07030-3

Ⅰ.建… Ⅱ.全… Ⅲ.建筑法-中国-建筑师-资格考核-习题 Ⅳ.D922.297-44

中国版本图书馆CIP数据核字（2008）第031838号

2008年全国二级建造师执业资格考试考前强化训练

书　　名：建设工程法规及相关知识模拟试题
著 作 者：全国二级建造师执业资格考试命题研究小组
责任编辑：王　霞（wx@ccpress.com.cn）
出版发行：人民交通出版社
地　　址：（100011）北京市朝阳区安定门外外馆斜街3号
网　　址：http：//www.ccpress.com.cn
销售电话：（010）85285838，85285991
总 经 销：北京中交盛世书刊有限公司
印　　刷：北京宝莲鸿图科技有限公司
开　　本：787×1092　1/16
印　　张：7
字　　数：176千
版　　次：2008年3月　第1版
印　　次：2008年3月　第1次印刷
书　　号：ISBN 978-7-114-07030-3
印　　数：0001~5000册
定　　价：20.00元

全国二级建造师执业资格考试考前强化训练丛书

编写委员会

前　　言

建造师是以专业技术为依托，以工程项目管理为主导的善管理、专技术、懂经济、知法规的综合素质较高的专业人才。二级建造师资格考试属于国家设定的准入性考试，通过考试并注册后，可以建造师的名义担任相应等级建设工程的项目负责人，可以从事相关工程管理工作。

全国二级建造师执业资格考试已经考了三次，国家建设部、人事部2007年对《二级建造师执业资格考试大纲》进行了大幅调整，所要求的考试内容涉及面更广，内容更加充实。根据执业考试的规律，今后考试的难度将会不断地增加。而广大应试的建设工程项目管理人员又大多奋战在工程建设第一线，平时任务繁重，备考时间紧，很难在短期内掌握二级建造师考试大纲要求的内容，也很难在繁忙的工作中抽出大量的时间来应考。针对这种现实客观情况，为了帮助考生尽快有重点地学习、理解和掌握考试大纲和教材的内容和要求，加强考前"实战演练"，检测复习效果，熟悉考试题型，增强临场经验，提高应试技巧，在较短的时间内顺利通过二级建造师执业资格考试，我们组织高校具有长期教学经验、特别是具有建造师培训经验的权威专家、教授在解剖新版教材大纲、准确把握命题规律、全面预测考题动向的基础上，严格按照2008年修订的《二级建造师执业资格考试大纲》和《二级建造师执业资格考试用书》精心编写了本套系列应试指导教材。本书的编写具有以下特点：

☆ 书中内容编排顺序完全与考试大纲保持一致，便于应试复习查阅；

☆ 书中题型命题标准完全与考试要求保持一致，便于适应应试环境；

☆ 书中知识点、重点、难点、考试点精辟全面，便于掌握考试要领；

☆ 书中模拟题逐题推敲，优化设计，权威逼真，便于进入应试状态；

☆ 书中所有全真标准模拟试卷都附有参考答案，便于进行应试自测。

本套考试辅导教材严格按照最新修订的二级建造师执业资格考试大纲中掌握、熟悉和了解三个层次的不同要求，准确把握教材中关键知识点，结合历年二级建造师考试题型、考点布局、难易分量等，将知识点和考试点做了全面剖析，精辟地再现于各个科目考试模拟题中。每个考试科目的模拟题是将本科目各章的重要知识点和权威考试点以标准建造师试卷和考试要求的形式组成套卷，并附有参考答案。这样一方面便于考生强化记忆，提高复习效率；另一方面也便于考生尽早进入考试状态，及时掌握复习情况，从而达到事半功倍、纲举目张的效果，使二级建造师执业资格考试"轻松过关"成为各位考生的现实。

本书由马楠、柳锋、何燕、卫赵斌、孟韬任主编，朱桂荣、韩景玮、郭章林、张富强、张立宁、宋伟、刘宏伟、李海南、蔡万春、管斌君、姜扬、王粉鸽等参加编写，吴怀俊教授主审。在编写过程中得到了有关领导和专家的大力支持，在此表示衷心感谢！

本书的编写虽然进行了多次论证、审核和修改，但由于编写时间比较仓促，编者水平有限，仍难免有疏漏之处，恳请读者批评指正！读者若有意见或好的建议，请发邮件到 bjsjzs@163.com与我们联系，以使我们今后的工作做得更好！

编者

2008年3月

目　　录

考试模拟试题一

一、单项选择题(每题 1 分,每题的备选答案中,只有 1 个是最符合题意的)

1. 注册建造师张某的聘用单位被撤回资质证书,则张某的注册证书和执业印章将(　　)。

A. 继续有效　　B. 失效　　C. 被吊销　　D. 被撤销

2. 法律效力等级是正确适用法律的关键,下述法律效力排序正确的是(　　)。

A. 国际条约＞宪法＞行政法规＞司法解释

B. 法律＞行政法规＞地方性法规＞部门规章

C. 行政法规＞部门规章＞地方性法规＞地方政府规章

D. 宪法＞法律＞行政法规＞地方政府规章

3. 民事法律关系违约终止,是指民事法律关系主体一方违约,或发生(　　),致使某类民事法律关系规范的权利不能实现。

A. 自然灾害　　B. 意外事故　　C. 不可抗力　　D. 人为事故

4. 民事法律行为,是指公民或者法人设立、变更、终止民事权利和民事义务的合法行为,下列属于民事法律行为的是(　　)。

A. 某施工企业被迫与工程所在地的一家劳务公司订立一份高于市场价的砂子运输合同

B. 某施工单位委托一工程咨询公司负责项目的索赔服务

C. 为了谋取中标,某施工单位与一开发企业订立一份合作开发合同

D. 某分包单位在未征得总包单位同意的情况下,将工程再次分包

5. 法定代理主要是为了维护限制民事行为能力人或者无民事行为能力人的合法权益而设计的。法定代理属于全权代理,法定代理人原则上应代理被代理人的有关(　　)方面的一切民事法律行为和其他允许代理的行为。

A. 生意　　B. 财产　　C. 合同　　D. 责权

6. 张某原是甲建筑公司的采购员,辞职后与王某合办一家乙建筑设备租赁公司。张某现以甲公司的名义与其长期负责的甲公司大客户丙公司签了 3000 吨钢材购销合同,丙公司对王某辞职并不知情。则对该合同承担付款义务的应是(　　)。

A. 甲建筑公司　　B. 乙建筑设备租赁公司

C. 张某　　D. 张某、王某与乙建筑设备租赁公司

7. 物权受到侵害的,权利人可以通过和解、调解等途径解决,也可以依法向人民法院提起诉讼。因物权的归属和内容发生争议的,利害关系人可以请求(　　)。

A. 确认归属　　B. 明确内容　　C. 确认权利　　D. 明确关系

8. 王某经长期研究发明了高黏度建筑涂料胶粉,2001 年 3 月 5 日委托某专利事务所申请专利,3 月 15 日该专利事务所向国家专利局申请了专利,5 月 15 日专利局将其专利公告,2003 年 2 月 13 日授予王某专利权。该专利权届满的期限是(　　)。

A. 2021 年 3 月 5 日　　B. 2021 年 3 月 15 日

C. 2021 年 5 月 15 日　　D. 2023 年 2 月 13 日

9. 甲施工单位欠乙材料供应商材料款 3 万元，约定 2004 年 5 月 1 日还款。但到 2004 年 6 月 1 日，甲仍未还钱。2004 年 7 月 3 日乙向甲要账，乙向甲口头表示同意延期还款。此行为的法律效果是（　　）。

A. 引起诉讼时效的中断　　B. 引起诉讼时效的中止

C. 引起诉讼时效的延长　　D. 改变法定时效期间

10. 建筑工程开工前，（　　）应当按照国家有关规定向工程所在地县级以上人民政府建设行政主管部门申请领取施工许可证。

A. 施工单位　　B. 建设单位　　C. 监理单位　　D. 设计单位

11. 某工业厂房工程，工程合同价格为 9000 万元，工期为 18 个月。根据《建筑工程施工许可管理办法》规定，到位建设资金至少要达到（　　）万元，方可申领施工许可证。

A. 1800　　B. 2700　　C. 4500　　D. 5000

12. 要获得我国建筑业专业职业资格，需要经过的正确步骤为（　　）。

A. 参加统一考试、获得注册资格证书

B. 参加统一考试、获得执业资格证书、注册

C. 参加统一考试、注册、获得执业资格证书

D. 注册、参加统一考试、获得执业资格证书

13. 我国《建筑法》规定，"禁止将建筑工程肢解发包"。其理由是肢解发包会使（　　）。

A. 承包人岗位设置出现空缺

B. 发包人发包成本和管理成本降低

C. 发包人变相规避招标

D. 投资和进度目标易于控制

14. 甲、乙、丙三家为同一专业的承包单位，其资质等级依次为一级、二级、三级。当三家单位实行联合共同承包时，应按（　　）的业务许可范围承揽工程。

A. 甲　　B. 乙　　C. 丙　　D. 均可

15. 实行施工总承包的，建筑工程（　　）的施工必须由总承包单位自行完成。

A. 基础工程　　B. 主体工程　　C. 装饰工程　　D. 安装工程

16. 某工程监理单位中标获得某工程项目的监理任务，该监理单位应当就该监理任务与该项目的（　　）签订书面委托合同。

A. 施工单位　　B. 建设单位

C. 设计单位　　D. 建设行政主管部门

17. 在对某工程项目监理过程中，工程监理人员发现工程设计不符合合同约定的质量要求，则工程监理人员根据自己的法定权限和义务，应当（　　）。

A. 要求施工单位改正　　B. 通知设计单位改正

C. 建议建设单位修改合同　　D. 报告建设单位要求设计单位改正

18. 招标投标活动应当遵循公开原则，这是为了保证招标活动的广泛性、竞争性和透明性。公开原则，首先要求（　　）公开。其次，公开原则还要求招标投标过程公开。

A. 招标信息　　B. 评标方式

C. 投标单位　　D. 评标委员会成员

19. 依法必须进行招标的项目的招标人向他人透露已获取招标文件的潜在投标人的名称、

数量或者可能影响公平竞争的有关招标投标的其他情况的，或者泄露标底的，给予警告，可以并处（　　）万元的罚款。

A. 1～5　　B. 1～10　　C. 3～5　　D. 5～10

20. 下列选项中，不可以做投标保证金的是（　　）。

A. 现金　　B. 银行保函

C. 银行汇票　　D. 担保单位的信用担保

21. 关于共同投标协议，说法错误的是（　　）。

A. 共同投标协议为将来在联合体内部为所承揽的各自的责任发生纠纷提供了解决的必要依据

B. 没有附联合体各方共同投标协议的联合体投标确定为废标

C. 共同协议应当在提交投标文件前十天提交招标人

D. 联合体内部各方通过共同投标协议，明确约定各方在中标后要承担的工作范围和责任

22. 我国招标投标法规定，开标时间应为（　　）。

A. 提交投标文件截止时间　　B. 提交投标文件截止时间的次日

C. 提交投标文件截止时间的 7 日后　　D. 其他约定时间

23. 评标委员会成员名单应当（　　）。

A. 在开标前应向社会公布　　B. 在开标前向投标人公布

C. 在中标结果确定前保密　　D. 永久保密

24. 投标文件中总价金额与单价金额不一致的，应（　　）。

A. 以单价金额为准　　B. 以总价金额为准

C. 由投标人确认　　D. 由招标人确认

25. 中标通知书（　　）具有法律效力。

A. 对招标人和投标人　　B. 只对招标人

C. 只对投标人　　D. 对招标人和投标人均不

26. 根据《工程建设项目施工招标投标办法》的有关规定，资格审查分为资格预审和资格后审。采取资格预审的，招标人应当在（　　）中载明资格预审的条件、标准和方法。招标人不得改变载明的资格条件或者以没有载明的资格条件对潜在投标人进行资格预审。

A. 招标通知　　B. 招标文件

C. 招标说明　　D. 资格预审文件

27. 根据《工程建设项目施工招标投标办法》第 15 条的规定，招标人应当按招标公告或者投标邀请书规定的时间、地点出售招标文件。自招标文件出售之日起至停止出售之日止，最短不得少于（　　）个工作日。

A. 3　　B. 5　　C. 10　　D. 15

28. 我国《安全生产法》规定，建筑施工单位和危险物品的生产、经营、储存单位，应当（　　）。

A. 设置安全生产监督机构

B. 配备兼职安全生产管理人员

C. 设置安全生产管理机构或者配备专职安全生产管理人员

D. 设置安全生产监督机构并且配备专职安全生产管理人员

29. 我国《安全生产法》规定，国家对严重危及生产安全的工艺、设备实行（　　）。

A. 监管制度　　B. 报修制度　　C. 回收制度　　D. 淘汰制度

30. 我国《安全生产法》规定，县级以上地方各级人民政府应当组织有关部门制定本行政区域内(　　)应急救援预案，建立应急救援体系。

A. 重大生产安全事故　　B. 一般生产安全事故
C. 特大生产安全事故　　D. 严重生产安全事故

31. 我国《安全生产法》规定，我国安全生产法规定的行政处罚，由(　　)决定。

A. 县级以上人民政府　　B. 公安部门
C. 劳动部门　　D. 负责安全生产监督管理的部门

32.《建设工程安全生产管理条例》规定，作业人员进入新的岗位或者新的施工现场前，应当接受(　　)培训。

A. 安全生产责任　　B. 安全生产检查
C. 安全生产教育　　D. 安全生产制度

33.《建设工程安全生产管理条例》规定，由施工单位对达到一定规模的危险性较大的分部分项工程编制的专项施工方案，应当由(　　)签字后实施。

A. 施工单位技术负责人、专业监理工程师
B. 施工单位技术负责人、建设单位负责人
C. 建设单位技术负责人、总监理工程师
D. 施工单位技术负责人、总监理工程师

34. 对建设单位没有提供建设工程安全生产作业环境和安全施工措施所需费用的，其处理办法是(　　)。

A. 责令工程停工　　B. 责令限期改正，给予警告
C. 给予罚款　　D. 责令限期改正

35. 起重吊装工程是一个危险性工程，对于起重吊装工程的说法不正确的是(　　)。

A. 施工单位应该在施工组织设计中编制安全技术措施
B. 需要编制专项施工方案，并附安全验算结果
C. 经专职安全管理人员签字后实施
D. 由专职安全管理人员进行现场监督

36. 负责中央管理的建筑施工企业安全生产许可证的颁发和管理的是(　　)。

A. 国务院安全生产监督管理部门　　B. 国务院建设主管部门
C. 国务院国防科技工业主管部门　　D. 国家煤矿安全监察机构

37. 根据《建设工程质量管理条例》规定，下列选项中不属于建设单位的质量责任和义务的是(　　)。

A. 应当将工程发包给具有相应资质等级的承包单位
B. 应当依法对与建设工程有关的重要设备、材料等的采购进行招标
C. 必须向有关的勘查、设计、施工、工程监理等单位提供与建设工程有关的原始资料
D. 必须对施工质量进行检验

38. 根据《房屋建筑工程质量保修办法》的规定，(　　)属于保修范围。

A. 1个采暖期、供冷期内供热与供冷系统的质量缺陷
B. 因使用不当造成的质量缺陷
C. 第三方造成的质量缺陷

D. 不可抗力造成的质量缺陷

39. 建设工程发生质量事故，有关单位应在(　　)小时内向当地建设行政主管部门和其他有关部门报告。

A. 8　　B. 12　　C. 24　　D. 28

40. 下列对于强制性标准监督检查的表述，错误的是(　　)。

A. 工程项目的安全、质量是否符合强制性标准的规定是必须检查的内容

B. 应当检查工程项目的验收是否符合强制性标准的规定

C. 应检查建筑材料检验、仓储保管等人员是否掌握强制性标准

D. 工程项目采用的材料、设备应当符合强制性标准的规定

41. 根据《水污染防治法》关于防止地表水污染的具体规定，下列说法错误的是(　　)。

A. 在生活饮用水源地的水体保护区内，不得新建排污口

B. 禁止向水体排放油类、酸液、碱液或者剧毒废液

C. 向水体排放含热废水，应当采取措施，保证水体的水温符合水环境质量标准

D. 禁止排放含病原体的污水

42. 根据《民用建筑节能规定》，在下列行为中不属于民用建筑节能情形的是(　　)。

A. 在规划、设计、建造和使用过程中，采用新型墙体材料

B. 执行建筑节能标准，加强建筑物用能设备的运行管理

C. 合理设计建筑围护结构的热工性能，提高采暖、制冷、给水排水和通道系统的运行效率

D. 采用新型能源取代传统的燃料

43. 某建筑公司招聘，甲应聘电焊工，乙应聘气焊工，丙应聘消防材料保管员，丁应聘自动消防系统的操作人员，四人均无上岗证，根据《消防法》可以聘用上岗的是(　　)。

A. 甲　　B. 乙　　C. 丙　　D. 丁

44. 下列选项中，属于劳动者可以随时通知用人单位解除劳动合同的法定情形是(　　)。

A. 在试用期内

B. 用人单位濒临破产

C. 劳动合同订立时的客观情况发生重大变化

D. 劳动者在医疗期内

45. 我国《劳动法》规定，未成年工是指(　　)的劳动者。

A. 未满 16 周岁　　B. 年满 16 周岁

C. 未满 18 周岁　　D. 年满 16 周岁未满 18 周岁

46. 在解决劳动争议的方法中，简便易行、最有效、最经济，能及时解决争议，消除分歧，提高办事效率，节省费用，也有利于双方的团结和相互的协作关系的方法是(　　)。

A. 协商　　B. 调解　　C. 劳动仲裁　　D. 诉讼

47. 某企业 2006 年 12 月 31 日应缴纳税款 80000 元，由于地震灾害，申请延期缴纳税款，但是直至 2007 年 4 月 30 日仍未能按时缴纳税款，以下说法正确的是(　　)。

A. 补交税款 80000 元

B. 补交税款 80000 元，并征收万分之五的滞纳金

C. 补交税款 80000 元，并征收千分之三的滞纳金

D. 以上答案均不正确

48. 下列应承担侵权责任的行为是(　　)。

A. 工地的塔吊倒塌造成临近的小吃部房屋被砸塌

B. 某建筑公司未按照合同约定的时间竣工

C. 工地工人在施工中不慎从楼上掉下来摔伤

D. 工地工人李某在工地食堂下毒,致使工人集体中毒

49. 某建筑工程公司与该省某建设行政部门就其办公楼改建签订工程承包合同,在法律上,其合同当事人是(　　)关系。

A. 领导与被领导　　B. 管理与被管理

C. 平等主体　　D. 行政隶属

50. 某开发商通过信函的方式向另一城市某承包人提出双方订立某项合同的意思表示及合同的具体条件,但当承包人还未接到信函时,开发商就打电话通知对方取消该合同事宜,则开发商的行为属于(　　)。

A. 要约的撤回　　B. 要约的失效

C. 要约的撤销　　D. 要约的消灭

51. 建设工程施工合同的主要履行地点一般为(　　)。

A. 施工企业住所地　　B. 建设单位住所地

C. 项目土地所在地　　D. 工程价款结算地

52. 甲水泥厂与乙建筑公司签订了材料供应合同,随后又与保证人签订了相应的担保合同。现双方在合同权利义务方面发生纠纷,经人民法院认定其材料供应合同无效,此时担保合同(　　)。

A. 有效　　B. 部分有效

C. 无效　　D. 有效性不确定

53. 对于可撤销的合同,当事人必须从知道或者应当知道撤销事由之日起(　　)内行使撤销权。

A. 1 年　　B. 1.5 年　　C. 2 年　　D. 3 年

54. 合同条款空缺时,可以采用:①交易习惯、②补充协议和③按照《合同法》约定等三种方式来处理,但是这三种方式是有先后顺序的,其正确的先后顺序是(　　)。

A. ①②③　　B. ③②①　　C. ①③②　　D. ②①③

55. 执行政府定价或者政府指导价,逾期交付标的物的,遇价格变化时,下列说法正确的是(　　)。

A. 遇价格上涨时,按照新价格执行　　B. 按市场价格执行

C. 遇价格上涨时,按照原价格执行　　D. 遇价格下跌时,按照原价格执行

56. 乙公司欠甲公司货款 70 万元,到期没有清偿。而乙公司享有对丙公司的 100 万元债权,却未去尽力追讨。此时,甲可以行使(　　)以实现自己的债权。

A. 确认权　　B. 代位权　　C. 否认权　　D. 撤销权

57. 在特定情况下,当事人可以不必经过协商而变更合同。这种变更被称为(　　)。

A. 约定变更　　B. 法定变更　　C. 协商变更　　D. 临时变更

58. 甲公司欲购买乙厂的水泥,经协商,甲同意 3 天后签订正式的水泥买卖合同,并先交 1 万元定金给乙,乙出具的收条上写明:“收到甲定金 1 万元。”3 天后,甲了解到乙故意隐瞒了该批水泥已经过期的情况,故拒绝签订合同。则下列说法正确的是(　　)。

A. 甲有权要求乙返还2万元并赔偿在买水泥过程中受到的损失

B. 甲有权要求乙返还1万元并赔偿在买水泥过程中受到的损失

C. 甲只能要求乙赔偿在购买水泥过程中受到的损失

D. 甲有权要求乙承担违约责任

59. 建设单位与设计院签订一份标的额为100万元的设计合同，约定一方违约应承担5万元违约金。后建设单位违约，致使设计单位损失为4万元，则设计单位至多可请求建设单位承担(　　)万元的违约责任。

A. 4　　B. 5　　C. 9　　D. 10

60. 民事诉讼是解决建设工程纠纷的重要方式。其中民事诉讼的参与人不包括(　　)。

A. 证人　　B. 第三人　　C. 审判长　　D. 鉴定人

二、多项选择题(每题2分。每题的备选答案中，有2个或2个以上符合题意，至少有一个错误选项。错选，本题不得分，少选，所选的每个选项得0.5分)

1. 民事法律关系的主体，是指民事法律关系中享受权利，承担义务的当事人和参与者，包括(　　)。

A. 代理人　　B. 被代理人　　C. 自然人　　D. 其他组织　　E. 法人

2. 下列选项中，委托代理终止的情形有(　　)。

A. 代理期间届满或者代理事务完成　　B. 被代理人死亡

C. 代理人死亡　　D. 代理人丧失民事行为能力

E. 被代理人取消委托或者代理人辞去委托

3. 建设工程的发包方式主要有(　　)。

A. 公开发包　　B. 邀请发包　　C. 招标发包　　D. 直接发包　　E. 间接发包

4. 有关部门在对一在建住宅小区工程的行政执法联合检查中发现，该工程尚未取得施工许可证，也未取得工程规划许可证，施工图设计文件也未按规定经过审查。根据《建筑工程施工许可管理办法》规定，应(　　)。

A. 责令改正　　B. 责令停止施工

C. 对监理单位处以罚款　　D. 对建设单位处以罚款

E. 对施工单位处以罚款

5.《工程建设项目施工招标投标办法》中对于联合体投标，下列(　　)说法是错误的。

A. 联合体参加资格预审并获通过的，其组成的任何变化都必须在提交投标文件截止之日前征得招标人的同意

B. 联合体各方必须指定牵头人，并应当向招标人提交由联合体成员牵头人签署的授权书

C. 联合体投标的，联合体各方必须指定牵头人，并必须以联合体牵头人的名义提交投标保证金

D. 联合体投标的，联合体各方必须指定牵头人，授权其代表所有联合体成员负责投标和合同实施阶段的主办、协调工作

E. 联合体投标时，以联合体中牵头人名义提交的投标保证金，对联合体各成员具有约束力

6. 根据《招标投标法》及有关规定，下列建设项目中属于必须进行招标的项目范围的有(　　)。

A. 利用世界银行贷款新建水电站　B. 某市居民用水水库工程
C. 某涉及国家秘密的军事工程　D. 某市利用国有资金建的垃圾处理场
E. 某高校的图书馆改建工程

7. 我国《安全生产法》规定，从业人员安全生产中的义务包括(　　)义务。
A. 自律遵规　B. 检举
C. 自觉学习安全生产知识　D. 危险报告
E. 批评

8. 出租单位出租的机械设备和施工工具及配件，应当具有(　　)。
A. 生产(制造)许可证　B. 生产合格证
C. 准入许可证　D. 产品合格证
E. 产品许可证

9. 在施工单位的下列行为中，处工程合同价款 2% 以上 4% 以下的罚款并责令改正的有(　　)。
A. 在施工中偷工减料
B. 使用不合格的建筑材料、建筑构配件和设备
C. 有不按照工程设计图纸或者施工技术标准施工的其他行为
D. 不履行保修义务或者拖延履行保修义务
E. 转包工程

10. 在下列(　　)情形下，用人单位不得解除劳动合同。
A. 劳动者被依法追究刑事责任
B. 女职工在孕期、产期、哺乳期
C. 患病或者负伤，在规定的治疗期内的
D. 因工负伤并被确认丧失劳动能力
E. 劳动者不能胜任工作，经过培训，仍不能胜任工作

11. 下列选项中，是仲裁委员会组成的有(　　)。
A. 职工代表
B. 劳动行政主管部门的代表
C. 工会的代表
D. 用人单位代表
E. 政府指定的经济综合管理部门的代表

12. 根据《建设工程文件归档整理规范》，应当归档的监理文件包括(　　)。
A. 监理规划　B. 监理通知
C. 监理委托合同　D. 监理工作总结
E. 工程项目监理机构及负责人名单

13. 在下列选项中，属于纳税人权利的是(　　)。
A. 依法办理税务登记　B. 追回纳税人欠缴的税款
C. 申请延期纳税　D. 收取完税凭证
E. 自觉接受税务检查

14. 下列关于我国行政处罚简易程序执法活动，正确的是(　　)。
A. 适用前提是违法事实确凿并有法定依据

B. 执法机关对公民的违法行为处以 30 元罚款

C. 工商部门对某企业的违法行为处以 800 元的罚款

D 食品卫生部门对某饭店做出暂扣卫生许可证的处罚

E. 执法人员用身份证表明身份

15. 某施工单位项目负责人张经理，违反法律法规，降低工程质量标准，造成重大安全事故，导致工人李某死亡，施工单位被降低资质等级，并且给建设单位造成 50 万元的财产损失。则张经理的行为侵害的客体是(　　)。

A. 李某的生命权　　B. 施工单位的行为能力

C. 公共安全　　D. 建设单位的财产权

E. 有关工程建设管理的法律制度

16. 承诺生效的条件包括(　　)。

A. 承诺必须由受要约人向要约人发出

B. 承诺应在要约规定的期限内作出

C. 承诺的内容应当与要约的内容一致

D. 承诺可附加适当的条件

E. 承诺的方式必须符合要约的要求

17. 下列合同中，(　　)是可撤销合同。

A. 因重大误解订立的合同

B. 违反法律的强制性规定的合同

C. 一方以欺诈、胁迫手段订立的合同

D. 订立合同时显失公平的合同

E. 以合法行为掩盖非法目的的合同

18. 下列要件中，属于先履行抗辩权成立要件的有(　　)。

A. 双方基于同一双务合同，且互负债务的

B. 履行债务有先后顺序

C. 有义务先履行债务的一方未履行或履行不符合约定

D. 有义务后履行债务的一方履行能力明显下降

E. 对方的对待给付时刻能履行的义务

19. 某承包人在与某公司的设备租赁合同中，拖欠租赁费 8 万元，而该公司拖欠该承包人的工程款 5 万元与租赁费 8 万元同时到期，现该公司将 8 万元债权全部转让给某大学。则下列转让效力的表述中，正确的是(　　)。

A. 该 8 万元的延期利息属于该大学　　B. 承包人应当向该公司行使抗辩权

C. 承包人应当向该大学行使抗辩权　　D. 承包人应当向该公司行使撤销权

E. 承包人应当向该大学行使撤销权

20. 下列(　　)合同在履行过程中发生债权时，债权人有权行使留置。

A. 买卖合同　　B. 保管合同　　C. 运输合同　　D. 加工承揽合同　　E. 劳动合同

考试模拟试题二

一、单项选择题(每题1分,每题的备选答案中,只有1个是最符合题意的)

1. 中国建造师执业划分为14个专业,下列(　　)不属于这14个专业。

A. 水利水电工程　　B. 通信与广电工程

C. 机械工程　　D. 市政安装工程

2. 下列法律中,属于商法的是(　　)。

A. 担保法　　B. 公司法　　C. 招标投标法　　D. 消防法

3. 法律关系变更中的主体变更包括主体数目发生变化和主体改变。主体改变也称为(　　),由另一个新主体代替原主体享有权利、承担义务。

A. 权利移交　　B. 义务分担　　C. 合同变更　　D. 合同转让

4. 根据《合同法》第270条的规定,建设工程合同应当采用书面形式。因此,订立建设工程合同的行为,属于(　　)法律行为。

A. 民事　　B. 合同　　C. 非要式　　D. 要式

5. 甲、乙都是某建筑工地分包商技术负责人。乙的现场办公用房因使用电炉着火,甲为防止乙的火蔓延而去扑火,结果被烧伤,花去医疗费1000元,则以下叙述正确的是(　　)。

A. 甲、乙之间构成了不当得利之债　　B. 甲、乙之间构成了无因管理之债

C. 甲、乙之间构成了合同之债　　D. 甲、乙之间没有形成债的关系

6. 某建筑设计公司工程师张某接受公司指派的任务,为该公司承揽设计的某住宅楼绘制了工程设计图。按照著作权法的规定,有关该工程设计图著作权的下列表述中,正确的是(　　)。

A. 张某享有工程设计图的署名权,该公司享有著作权的其他权利

B. 张某享有工程设计图的发表权、署名权、修改权和保护作品完整权,该公司享有著作权的其他权利

C. 张某享有工程设计图的所有权利,但该公司在其业务范围内可以优先使用

D. 该公司有工程设计图著作权的所有权利,但应当给予张某相应的奖励

7. 甲不慎掉入闹市街口的一个正在施工的井里受伤。一年零五个月后到法院起诉,要求施工单位赔偿其损失。对此案(　　)。

A. 法院不应受理,因为已过了诉讼时效

B. 法院在甲补充了有关时效中止或中断的证据后才可以受理

C. 法院应当受理

D. 法院不应当受理,因为本案过错难以分清

8. 在目前的国务院机构组成下,下列最符合国家规定的说法是(　　)。

A. 建设部负责城市建筑业企业资质、工程监理企业资质的归口管理工作

B. 铁道部负责铁道工程勘察、设计资质的归口管理工作

C. 交通部负责交通建筑业企业资质的归口管理工作

D. 水利部配合建设部实施水利行业建筑业企业资质的管理工作

9. 某房屋建筑工程施工总承包二级企业拟为自己聘用的农民工修建一栋三层 1 800m^2 的公寓，按照国家有关法规，该工程的发包方式有（　　）。

A. 公开招标和直接招标　　　　B. 邀请招标和间接招标

C. 招标发包　　　　D. 招标发包和直接发包

10. 下列对《建筑法》关于资质管理规定的理解，表述正确的是（　　）。

A. 建筑施工企业不能超越本企业资质等级许可的业务范围承揽工程

B. 建筑施工企业可以借用其他施工企业的营业执照，但不能以自己名义承揽工程

C. 建筑施工企业可以使用其他企业的资质证书，但禁止超越后者资质等级许可的业务范围承揽工程

D. 建筑施工企业可以允许其他单位使用本企业的资质证书，但不能以本企业的名义承揽工程

11. 甲、乙两家工程承包公司组成联合体，共同投标一体育馆工程项目。由于时间紧迫，标书送出之后才商议签订联合投标协议。对此，评标委员会初审时应（　　）。

A. 通知甲或乙补充联合投标协议

B. 按废标处理

C. 通知甲补充联合投标协议

D. 通知甲和乙补充联合投标协议

12. 甲公司中标成为某市一商务中心工程的施工总承包人，该中心由一幢 28 层酒店式公寓和一幢 16 层写字楼组成。在签订总包合同后，甲公司将 16 层写字楼工程主体结构的施工分包给一家三级资质房屋建筑工程公司乙，业主提出异议，认为未经事先认可，且乙公司不具备相应资质等级。根据建筑法的规定，甲公司的行为属于违法分包，建设行政主管部门给甲公司的最低处罚应是（　　）。

A. 责令改正，交由业主办理　　　　B. 吊销资质证书

C. 没收违法所得，并处罚款　　　　D. 责令停业整顿，降低资质等级

13. 实行强制监理的建设工程范围，包括项目总投资额在（　　）万元以上的铁路、公路、管道、水运、民航等交通运输业项目。

A. 3 000　　B. 4 000　　C. 5 000　　D. 6 000

14.《工程建设项目招标范围和规模标准规定》规定的各类工程建设项目，包括项目的勘察、设计、施工、监理以及与工程建设有关的重要设备、材料等的采购，其施工单项合同估算价在（　　）万元人民币以上的，必须进行招标。

A. 50　　B. 100　　C. 150　　D. 200

15. 联合体中标的，联合体各方应当（　　）。

A. 共同与招标人签订合同，就中标项目向招标人承担连带责任

B. 分别与招标人签订合同，但就中标项目向招标人承担连带责任

C. 共同与招标人签订合同，但就中标项目各自独立向招标人承担责任

D. 分别与招标人签订合同，就中标项目各自独立向招标人承担责任

16. 下列选项中（　　）不是投标人实施的不正当行为。

A. 投标人以低于成本的报价竞标

B. 招标者预先内定中标者，在确定中标者时以此决定取舍

C. 投标人以高于成本的报价竞标

D. 投标者之间进行内部竞价，内定中标人，然后再参加投标

17. 根据我国招标投标法的有关规定，下列不符合开标程序的是(　　)。

A. 开标应当在招标文件确定的提交投标文件截止时间的同一时间公开进行

B. 开标地点应当为招标文件中预先确定的地点

C. 开标由招标人主持，邀请部分投标人参加

D. 开标时都应当当众予以拆封、宣读

18. 我国招标投标法规定，开标应由(　　)主持。

A. 地方政府相关行政主管部门　　B. 招标代理人

C. 招标人　　D. 中介机构

19. 我国《工程建设项目施工招标投标办法》规定，招标人与中标人签订合同后(　　)个工作日内，应当向未中标的投标人退还投标保证金。

A. 3　　B. 5　　C. 7　　D. 10

20. 我国《安全生产法》规定，涉及生命安全、危险性较大的特种设备的目录应由(　　)批准。

A. 国务院　　B. 省、自治区、直辖市人民政府

C. 地级市人民政府　　D. 县级人民政府

21. 我国《安全生产法》规定，生产经营单位建设项目的安全设施投资应当纳入(　　)。

A. 建设项目概算　　B. 经营成本

C. 生产成本　　D. 建设项目保障费

22. 我国《安全生产法》规定，生产经营单位的决策机构、主要负责人、个人经营的投资人不依照我国安全生产法规定保证安全生产所必需的资金投入，致使生产经营单位不具备安全生产条件的，应(　　)。

A. 责令停产停业整顿　　B. 责令限期改正

C. 对主要负责人给予撤职处分　　D. 对主要责任人处以罚款

23. 我国《安全生产法》规定，生产经营单位将生产经营项目、场所、设备发包或者出租给不具备安全生产条件或者相应资质的单位或者个人，导致发生生产安全事故给他人造成损害的，(　　)。

A. 生产经营单位承担全部责任

B. 承包方、承租方承担全部责任

C. 生产经营单位与承包方、承租方承担连带赔偿责任

D. 生产经营单位不承担任何责任

24. 我国《安全生产法》规定，从业人员发现直接危及人身安全的紧急情况而停止作业，生产经营单位可以(　　)。

A. 降低其工资　　B. 解除与其订立的劳动合同关系

C. 允许该行为　　D. 对其给予警告处分

25. 下列属于工程监理单位安全责任的为(　　)。

A. 保证安全生产投入　　B. 审查安全技术措施及专项施工方案

C. 对施工现场的安全生产负总责　　D. 对建设工程项目的安全施工负责

26.《建设工程安全生产管理条例》规定，施工单位的项目负责人应当由取得（　　）执业资格的人员担任。

A. 工程师　　B. 建造师　　C. 经济师　　D. 项目经理

27.《建设工程安全生产管理条例》规定，对所承建的建设工程进行定期和专项安全检查，并做好安全检查记录是施工单位（　　）的安全生产方面的主要职责之一。

A. 主要负责人　　B. 技术负责人　　C. 项目负责人　　D. 法定代表人

28.《建设工程安全生产管理条例》规定，（　　）应当为施工现场从事危险作业的人员办理意外伤害保险。

A. 设计单位　　B. 建设单位　　C. 施工单位　　D. 监理单位

29. 根据《安全生产许可证条例》，不属于企业取得安全生产许可证的条件的是（　　）。

A. 建立、健全安全生产责任制，制定完备的安全生产规章制度和操作规程

B. 资金投入符合安全生产要求

C. 依法参加工伤保险，为从业人员缴纳保险费

D. 及时报告安全生产事故隐患

30. 工程监理单位超越本单位资质等级承揽工程的，可以给予如下处罚（　　）。

A. 责令停止违法行为，处合同约定的监理酬金 1 倍以上 2 倍以下的罚款；情节严重的，吊销资质证书；有违法所得的，予以没收

B. 责令改正，没收违法所得，处合同约定的监理酬金 25%以上 50%以下的罚款；可以责令停业整顿，降低资质等级；情节严重的，吊销资质证书

C. 责令改正，处 50 万元以上 100 万元以下的罚款，降低资质等级或者吊销资质证，有违法所得的，予以没收；造成损失的，承担连带赔偿责任

D. 责令改正，处 5 万元以上 10 万元以下的罚款，降低资质等级或者吊销资质证书；有违法所得的，予以没收

31. 某房屋的主体结构因设计原因出现质量缺陷，则下列关于该房屋质量保修事宜的说法，错误的是（　　）。

A. 施工单位仅负责保修，并有权对由此发生的保修费用向建设单位索赔

B. 设计单位应当承担此笔保修费用

C. 施工单位接到保修通知后，应在保修书约定的时间内予以保修

D. 施工单位不仅要负责保修，还要承担保修费用

32. 下列单位中，（　　）不能作为对建设工程质量进行监督管理的主体。

A. 工程监理单位　　B. 国家建设部

C. 铁道部、交通部、水利部　　D. 地方建设行政主管部门

33. 2006 年 1 月 15 日，某住宅工程竣工验收合格，则办理竣工验收备案的截止时间是（　　）。

A. 2006 年 1 月 22 日　　B. 2006 年 1 月 25 日

C. 2006 年 1 月 30 日　　D. 2006 年 2 月 15 日

34. 某工程 2000 年通过竣工验收，甲建设单位与乙施工单位在《质量保修书》中约定，屋面防水工程保修期为 3 年，则该部分质量保修期届满的时间为（　　）。

A. 2002 年　　B. 2001 年　　C. 2003 年　　D. 2005 年

35. 工程建设标准批准部门应当对工程项目执行强制性标准情况进行监督检查，监督检查

可以采取的方式不包括(　　)。

A. 重点检查　　B. 抽查　　C. 平行检查　　D. 专项检查

36. 下列关于噪声污染防治的说法中,错误的是(　　)。

A. 在高校附近,禁止夜间进行产生环境噪声污染的建筑施工作业

B. 因煤气管道抢修、抢险作业要求,可以在夜间连续作业

C. 环境影响报告书中,应当有该建设项目所在地单位和居民的意见

D. 建设工程必须夜间施工的,施工单位应在开工 15 日以前向建设主管部门申报

37. 下列关于建设工程项目节能要求的表述中,错误的是(　　)。

A. 达不到合理用能标准和节能设计规范要求的项目,依法审批的机关不得批准建设

B. 项目建成后,达不到合理用能标准和节能设计规范要求的,不予验收

C. 不符合建筑节能强制性标准的施工图设计文件,审查结论应当定为不合格

D. 建设单位在竣工验收过程中,有违反建筑节能强制性标准行为的,不予验收

38. 根据《消防法》的规定,下列选项中,直接责任人可能受拘留处罚的是(　　)。

A. 有重大火灾隐患,经公安消防机构通知逾期不改正的

B. 阻拦报火警的

C. 指使他人违反消防安全规定,强令他人冒险作业,尚未造成严重后果的

D. 经公安消防机构批准,可在有车间的建筑物内设置员工集体宿舍

39. 下列社会关系中,属于我国劳动法调整的劳动关系的是(　　)。

A. 施工单位与某个体经营者之间的加工承揽关系

B. 劳动者与施工单位之间在劳动过程中发生的关系

C. 家庭雇佣劳动关系

D. 社会保险机构与劳动者之间的关系

40. 根据《劳动法》,下列选项中,用人单位可以解除劳动合同的情形是(　　)。

A. 职工患病,在规定的医疗期内　　B. 职工因工负伤,伤愈出院

C. 女职工在孕期内　　D. 女职工在哺乳期内

41. 甲单位无故拖欠劳动者工资;乙单位拒不支付劳动者延长工作时间的工资报酬;丙单位低于当地最低工资标准支付劳动者工资;丁单位非法搜查和拘禁劳动者。以上行为中,可由公安机关对责任人处以拘留的是(　　)。

A. 甲　　B. 乙　　C. 丙　　D. 丁

42. 甲、乙两人在某建筑公司的工地工作。某日上班时,甲因疏忽大意,操作不当,致乙右臂伤残。有关该事件的下列表述中,正确的是(　　)。

A. 即使乙不能从事原来的工作,也不能由建筑公司另行安排工作,建筑公司仍不得解除与乙的劳动合同

B. 乙所受损失应向甲要求赔偿

C. 建筑公司因此解除与乙的劳动合同,应当提前 30 日以书面形式通知乙

D. 建筑公司在对乙作出相应经济赔偿的前提下可以解除与乙的劳动合同

43. 劳动争议仲裁庭的首席仲裁员应由(　　)指定。

A. 工会负责人　　B. 仲裁委员会负责人

C. 用工单位负责人　　D. 争议双方协商

44. 下列各组主体间,不适用劳动法进行调整的是(　　)。

A. 税务局与聘用的司机　　B. 某高等学校与聘任的门卫

C. 某公司与公司职员　　D. 财政局与其招录的公务员

45. 下列关于建设工程文件归档的表述正确的是(　　)。

A. 归档可以分阶段进行,也可以在单位或分部工程通过竣工验收前进行

B. 勘察、设计单位应当在任务完成时,将各自形成的有关工程档案向城建档案馆归档

C. 施工、监理单位应当在工程竣工验收后,将各自形成的有关工程档案向建设单位归档

D. 凡设计、施工及监理单位需要归档的文件,应按国家有关规定单独立卷归档

46. 某属于列入城建档案馆接收范围的工程,建设单位于 2007 年 1 月 1 日接到施工单位提交的竣工验收报告,2 月 1 日竣工验收顺利通过。建设单位最晚应于(　　)前向城建档案馆移交该工程项目的档案文件。

A. 2006 年 10 月 1 日　　B. 2006 年 11 月 1 日

C. 2007 年 4 月 1 日　　D. 2007 年 5 月 1 日

47. 某建筑公司因近来几笔大额应收工程款未到账,因而欠缴税款数额较大,现准备将长期闲置的桥梁施工设备转让,根据《税收征收管理法》的规定,该公司应当(　　)。

A. 向税务机关结清税款　　B. 向税务机关结清税款并支付滞纳金

C. 向税务机关提供担保　　D. 向税务机关报告

48. 某日,李某骑车回家途中经过一工地时,掉入没有设置明显标志和采取安全措施的坑中,造成胳膊骨折。该工地承包人赵某应对王某承担的责任是(　　)。

A. 违约责任　　B. 侵权责任　　C. 行政责任　　D. 刑事责任

49. 下列行为中,构成重大责任事故罪的是(　　)。

A. 某人到建筑工地行窃,因夜黑风高,不慎失足从 10 层高的楼上跌落死亡

B. 某包工头素来与某工人不和,明知某行为违反安全管理的规定,可能会发生重大伤亡事故,仍然强迫该工人实施这一行为,导致该工人死亡

C. 某安全生产管理人员,因为怕麻烦,没有严格执行工人进工地必须戴安全帽的安全规定,结果因为砖墙倒塌,砸死工人数名

D. 某工地施工人员不按安全生产规定,擅自将废弃的建筑用的钉子,扔到周围的地上造成 15 人被扎伤

50. 重大劳动安全事故罪的客体是(　　)。

A. 人身安全　　B. 劳动安全　　C. 生产安全　　D. 公共安全

51. 某市水利工程项目进行招标,招标人在其行政主管部门领导的干预下选择了投标人并签订了施工承包合同,该做法违反了《合同法》中的(　　)原则。

A. 平等　　B. 自愿　　C. 公开　　D. 诚实信用

52. 某建设工程合同约定,建设单位应于工程验收合格交付后 2 个月内支付工程款。2005 年 9 月 1 日,该工程经验收合格交付使用,但建设单位迟迟不予支付工程款。若施工单位通过诉讼解决此纠纷,则下列情形中,会导致诉讼时效中止的是(　　)。

A. 2006 年 8 月,施工单位所在地突发洪灾,一个月后恢复生产

B. 2007 年 6 月,施工单位所在地发生强烈的地震,一个月后恢复生产

C. 2007 年 7 月,施工单位法定代表人生病住院,一个月后痊愈出院

D. 2007 年 9 月,施工单位向人民法院提起诉讼,但随后撤诉

53. 下列关于承诺的说法中,正确的是(　　)。

A. 承诺可以撤回　　B. 承诺既可以撤回也可以撤销
C. 承诺可以撤销　　D. 承诺既不能撤回也不能撤销

54. 无效合同从(　　)之日起就不具备法律效力。

A. 确认　　B. 订立　　C. 履行　　D. 谈判

55. 下列情形中属于效力待定合同的有(　　)。

A. 出租车司机借抢救重病人急需租车之机将车价提高 10 倍
B. 10 周岁的儿童因发明创造而接受奖金
C. 成年人甲误将本为复制品的油画当成真品购买
D. 10 周岁的少年将自家的电脑卖给 40 岁的张某

56. 承包人于 2007 年 3 月 1 日提交竣工验收报告,2007 年 3 月 10 日发包人组织竣工验收,在竣工验收过程中对某一部位的质量发生争议,提请工程质量鉴定,于 2007 年 4 月 1 日质量鉴定单位提交鉴定报告,认为该部位的工程质量是合格的,承包人于 2007 年 4 月 20 日将工程交付给发包人使用,则该工程的竣工日期是(　　)。

A. 2007 年 3 月 1 日　　B. 2007 年 3 月 10 日
C. 2007 年 4 月 1 日　　D. 2007 年 4 月 20 日

57. 施工合同示范文本中规定,如果发包人不按合同的约定支付工程进度款,承包人发出催付通知和停工通知后仍不能获得工程款,可在停工通知发出 7 天后停止施工。该条款依据的是《合同法》中关于(　　)的规定。

A. 撤销权　　B. 不安抗辩权
C. 后履行方抗辩权　　D. 同时履行抗辩权

58. 合同的变更有广义与狭义的区分,狭义的合同变更不包括(　　)。

A. 主体变更　　B. 客体变更　　C. 权利、义务变更　　D. 内容变更

59. 依《合同法》的规定,下列表述中属于债权债务概括转让必要条件的是(　　)。

A. 当事人一方告知对方　　B. 当事人一方经对方同意
C. 当事人一方为对方提供担保　　D. 当事人一方为对方支付违约金

60. 某施工单位在参加投标中有违法行为,建设行政主管部门的处罚决定于 5 月 20 日作出,施工单位 5 月 25 日收到。如果施工单位申请行政复议,申请的最后期限为(　　)。

A. 6 月 4 日　　B. 6 月 9 日　　C. 7 月 19 日　　D. 7 月 24 日

二、多项选择题(每题 2 分。每题的备选答案中,有 2 个或 2 个以上符合题意,至少有一个错误选项。错选,本题不得分,少选,所选的每个选项得 0.5 分)

1. 法人是具有民事权利和民事行为能力,依法独立享有民事权利和承担民事义务的组织。根据《民法通则》第 37 条的规定,法人应当具备的条件是(　　)。

A. 依法成立　　B. 有必要的财产和经费
C. 依法纳税　　D. 有自己的名称、组织机构和场所
E. 能独立承担民事责任

2. 著作权法保护的对象是作品,根据《著作权法》及其实施条例的规定,作品的种类有很多种。其中,在工程建设领域较为常见的,除文字作品外,还包括(　　)等。

A. 美术作品　　B. 建筑作品　　C. 图形作品　　D. 音乐作品　　E. 模型作品

3. 有关部门在对一在建住宅小区工程的行政执法联合检查中发现,该工程尚未取得施工

许可证，也未取得工程规划许可证，施工图设计文件也未按规定经过审查。根据《建筑工程施工许可管理办法》规定，应(　　)。

A. 责令改正　　B. 责令停止施工
C. 对监理单位处以罚款　　D. 对建设单位处以罚款
E. 对施工单位处以罚款

4. 对于(　　)建筑工程，可以由两个以上的承包单位联合共同承包。

A. 大型　　B. 大中型
C. 中小型　　D. 结构复杂的
E. 结构特别的

5. 按照《建筑法》的规定，建设单位应当在实施建筑工程监理前，将(　　)书面通知被监理的建筑施工企业。

A. 监理的内容　　B. 监理规划
C. 监理的费用　　D. 委托的工程监理单位
E. 监理权限

6. 我国招标投标法规定，开标时由(　　)检查投标文件密封情况，确认无误后当众拆封。

A. 招标人　　B. 投标人或投标人推选的代表
C. 评标委员会　　D. 地方政府相关行政主管部门
E. 公证机构

7. 评标委员会在对某工程项目评标过程中，发现个别投标文件中存在某些错误，则评标委员会的下列做法正确的有(　　)。

A. 甲的投标文件中的大写金额和小写金额不一致，以大写金额为准
B. 乙的投标文件中总价金额与单价金额不一致的，以单价金额为准，但单价金额小数点有明显错误
C. 丙的投标文件有英文版和中文版，这两个版本的解释存在异议，以中文版为准
D. 丁的投标文件中有含义不明确的内容，评标委员会要求其对此作必要的澄清或者说明
E. 戊是以他人的名义投标，评标委员会将戊的投标文件作为废标处理

8. 我国《安全生产法》规定，下列有关生产经营单位的安全生产保障措施有(　　)。

A. 组织保障措施　　B. 管理保障措施
C. 环境保障措施　　D. 经济保障措施
E. 社会保障措施

9. 我国《安全生产法》规定，生产经营单位的临时聘用的从业人员(　　)。

A. 有权了解其作业场所和工作岗位存在的危险因素
B. 有权了解其作业场所和工作岗位危险防范措施
C. 有权了解其作业场所和工作岗位危险应急措施
D. 无权对本单位的安全生产工作提出建议
E. 无权拒绝强令冒险作业

10.《建设工程安全生产管理条例》规定，对达到一定规模的危险性较大的分部分项工程，应编制包括(　　)等的专项施工方案。

A. 基坑支护与降水工程　　B. 脚手架工程
C. 楼地面工程　　D. 土方开挖工程

E. 屋面工程

11. 某工厂在其新厂房建设工程中出现了下述行为，其中，该工厂必须承担相应的法律责任的行为有(　　)。

A. 暗示承包人违反工程建设强制性标准，降低建设工程质量

B. 迫使承包方以低于成本的价格竞标

C. 任意压缩合理工期

D. 施工图设计文件未经审查就擅自施工

E. 未对涉及结构安全的试件取样检测

12. 环境保护"三同时"制度是指建设项目需要配套建设的环境保护设施，必须与主体工程(　　)。

A. 同时立项　　B. 同时设计

C. 同时施工　　D. 同时竣工

E. 同时投产使用

13. 根据《劳动法》，劳动者有下列(　　)情形之一的，用人单位可随时解除劳动合同。

A. 在试用期间被证明不符合录用条件

B. 严重失职，对用人单位利益造成重大损害的

C. 劳动者不能胜任工作，经过培训或者调整工作岗位，仍不能胜任工作

D. 劳动者患病，医疗期满后，不能从事原工作也不能从事由用人单位另行安排的工作

E. 被依法追究刑事责任

14. 下列选项中，符合《劳动法》对女工特殊保护规定的是(　　)。

A. 女职工生育享受不少于 90 天的产假

B. 禁止安排女职工从事矿山井下劳动

C. 禁止安排女职工从事国家规定的第四级体力劳动强度的劳动

D. 不得安排女职工从事有毒有害劳动

E. 用人单位应当对女职工定期进行健康检查

15. 甲建筑公司将承包的工程非法转包给一个无资质等级的小包工头，工商行政管理局发现后决定，责令停业整顿，没收违法所得，并处较大数额罚款。下列有关该事件的表述正确的有(　　)。

A. 工商行政管理局在作出行政处罚决定前，应告知甲公司有要求举行听证的权利

B. 甲公司要求听证，行政机关应当组织听证

C. 甲公司不承担行政机关组织听证的费用

D. 组织听证的费用，由甲公司承担

E. 组织听证的费用，由工商行政管理局与甲公司共同承担

16. 下列属于诺成合同的是(　　)。

A. 定金合同　　B. 委托合同

C. 勘查、设计合同　　D. 保管合同

E. 借款合同

17. 根据《合同法》规定，下列免责条款无效的是(　　)。

A. 因过失造成对方财产损失的　　B. 造成对方人身伤害的

C. 因违约造成对方财产损失的　　D. 故意造成对方财产损失的

E. 因重大过失造成对方财产损失的

18. 在合同履行中必须遵循(　　)等基本原则。

A. 全面、适当履行　　B. 公平合理

C. 平等自愿　　D. 诚实信用

E. 不得擅自变更合同

19. 甲公司购买乙公司设备欠付设备款 20 万元，现甲公司分立为丙公司和丁公司，则原甲公司对乙公司的债务(　　)。

A. 由原甲公司负责人承担　　B. 由丙或丁公司全部承担

C. 由丙丁公司按比例承担　　D. 由丙丁两公司连带承担

E. 因甲公司分立而消灭

20. 在审查与受理仲裁申请过程中，以下说法正确的是(　　)。

A. 仲裁委员会认为仲裁申请不符合受理条件的，应当书面通知当事人

B. 仲裁委员会应在收到仲裁申请书之日起 10 日内确认是否受理

C. 申请人经书面通知，无正当理由不到庭可以缺席裁决

D. 被申请人经书面通知，无正当理由不到庭可以缺席裁决

E. 仲裁委员会受理仲裁申请后，应当将仲裁规则和仲裁员名册送达申请人

考试模拟试题三

一、单项选择题(每题 1 分,每题的备选答案中,只有 1 个是最符合题意的)

1. 注册建造师王某 2006 年 3 月 1 日因违规被吊销注册证书,正常情况下他只能在(　　)后再申请注册。

A. 2007 年 3 月 1 日　　B. 2008 年 3 月 1 日

C. 2009 年 3 月 1 日　　D. 2011 年 3 月 1 日

2. 法律体系是指一国的全部现行法律规范,按照一定的标准和原则,划分为不同的(　　)而形成的内部和谐一致、有机联系的整体。

A. 法律部门　　B. 法律形式　　C. 法律等级　　D. 法律规范

3. 自然人是作为民事主体的一种,能否通过自己的行为取得民事权利、承担民事义务,取决于其是否具有(　　)能力。

A. 民事行为　　B. 承担民事义务　　C. 法律判断　　D. 财产保护

4. 民事法律关系违约终止,是指民事法律关系主体一方违约,或发生(　　),致使某类民事法律关系规范的权利不能实现。

A. 自然灾害　　B. 意外事故　　C. 不可抗力　　D. 人为事故

5. 在债的发生根据中,引起债权债务关系发生的最主要、最普遍的根据是(　　)。

A. 合同　　B. 侵权行为　　C. 不当得利　　D. 无因管理

6. 如两个相互订有合同的企业合并,则产生(　　)的法律后果。

A. 抵消　　B. 提存　　C. 混同　　D. 免除

7. 知识产权的权利主体依法享有独占使用智力成果的权利,他人不得侵犯。未经专利人许可不得使用其专利就表现了专利权的(　　)。

A. 专有性　　B. 私有性　　C. 归属性　　D. 持有性

8. 甲不慎掉入闹市街口的一个正在施工的井里受伤。一年零五个月后到法院起诉,要求施工单位赔偿其损失。对此案法院(　　)。

A. 不予受理,因为已过了诉讼时效

B. 在甲补充了有关时效中止或中断的证据后才可以受理

C. 应当受理

D. 不应当受理,因为本案过错难以分清

9. 某房地产开发公司拟在某市老城区开发一住宅小区项目,房地产公司申领施工许可证前,必须办妥建设用地管理和城市规划管理方面的手续,在此阶段最后取得的是该项目的(　　)。

A. 用地规划许可证　　B. 国有土地使用权批准文件

C. 工程规划许可证　　D. 土地使用权证

10. 按照《建筑工程施工许可管理办法》规定,(　　)的建筑工程可以不申请施工许可证。

A. 工程投资额在 3 万以下或者建筑面积在 30 平方米以下

B. 工程投资额在 30 万以下或者建筑面积在 300 平方米以下

C. 工程投资额在 300 万以下或者建筑面积在 3 000 平方米以下

D. 工程投资额在 3 000 万以下或者建筑面积在 30 000 平方米以下

11. 工程监理单位与被监理工程的下列单位不得有隶属关系或者其他利害关系。不包括的是(　　)。

A. 建设单位　　B. 承包单位

C. 建筑材料供应单位　　D. 建筑设备供应单位

12. 一国家大型基础设施工程已按照国务院有关规定批准开工报告,但因故未能按期开工,若开工时间超过了(　　)个月,根据《建筑法》的规定,该工程应当重新办理开工报告的批准手续。

A. 1　　B. 3　　C. 6　　D. 12

13. 甲公司 2003 年 5 月取得三级钢结构工程专业承包企业资质,2006 年 8 月取得二级资质。2006 年 6 月获得了一项 2 200 平方米的网架钢结构制作与安装业务,2007 年 10 月竣工验收合格。由于三级钢结构工程专业承包企业只能承揽 1 200 平方米及以下的网架钢结构制作与安装工程,故业主认为甲公司超越资质等级承揽工程,承包合同无效,拒付工程款。对此,法院将支持下列观点(　　)。

A. 虽甲公司超越资质等级许可的业务范围承揽工程,但承包合同仍有效

B. 甲公司在工程竣工前才取得符合该项业务要求的二级资质,承包合同无效,业主有权拒付承包人合同约定工程价款

C. 尽管甲公司超越资质等级许可的业务范围承揽工程,承包合同无效,但该工程竣工验收合格,业主应参照合同约定支付工程价款

D. 由于甲公司在工程竣工前取得了符合该项业务要求的二级资质,双方所签订合同有效,业主仍应按合同约定支付工程价款

14. 在对某工程项目监理过程中,工程监理人员发现工程设计不符合合同约定的质量要求,则工程监理人员根据自己的法定权限和义务,应当(　　)。

A. 要求施工单位改正　　B. 通知设计单位改正

C. 建议建设单位修改合同　　D. 报告建设单位要求设计单位改正

15. 从事建筑工程活动的新设立的企业或单位,应当向(　　)申请设立登记。

A. 工商行政管理部门　　B. 建设行政主管部门

C. 县级以上人民政府　　D. 市级以上人民政府

16. 甲总承包单位承建某高校的图书馆扩建工程,其中内墙抹灰工程经高校同意发包给乙施工单位,完工后发现墙壁抹灰出现裂纹。根据《建筑法》的有关规定,该高校(　　)。

A. 只能要求甲承担责任

B. 只能要求乙承担责任

C. 只能自己承担损失

D. 既可要求甲承担责任,也可要求乙承担责任

17. 工程监理单位(　　)监理业务。

A. 不得转移　　B. 可以转移　　C. 不得转让　　D. 可以转让

18. 依法必须进行招标的项目而不招标的,将必须进行招标的项目化整为零或者以其他任

何方式规避招标的，有关行政监督部门责令限期改正，可以处项目合同金额（　　）的罚款。

A. 3‰～5‰　　B. 5‰～10‰

C. 5‰～15‰　　D. 10‰～15‰

19. 甲、乙两个同一专业的施工单位分别具有该专业二、三级企业资质，甲、乙两个单位的项目经理数量合计符合一级企业资质要求。甲、乙两单位组成联合体参加投标。则该联合体资质等级应为（　　）。

A. 一级　　B. 二级　　C. 三级　　D. 暂定级

20. 我国招标投标法规定，评标应由（　　）依法组建的评标委员会负责。

A. 地方政府相关行政主管部门　　B. 招标代理人

C. 中介机构　　D. 招标人

21. 中标通知书（　　）具有法律效力。

A. 对招标人和投标人　　B. 只对招标人

C. 只对投标人　　D. 对招标人和投标人均不

22. 根据《工程建设项目施工招标投标办法》第11条，对于应当公开招标的施工招标项目，有特殊情形的，经批准可以进行邀请招标。招标人采用邀请招标方式的，应当向（　　）个以上具备承担招标项目的能力、资信良好的特定的法人或者其他组织发出投标邀请书。

A. 2　　B. 3　　C. 4　　D. 5

23.《招标投标法》第二十四条规定："招标人应当确定投标人编制投标文件所需要的合理时间；但是，依法必须进行招标的项目，自招标文件开始发出之日起至投标人提交投标文件截止之日止，最短不得少于（　　）日。"

A. 10　　B. 15　　C. 20　　D. 25

24. 我国《安全生产法》规定，属于可以通过委托具有国家规定的相关专业技术人员提供安全生产管理服务的企业有（　　）。

A. 矿山企业　　B. 水泥生产企业

C. 建筑施工企业　　D. 危险物品生产企业

25. 我国《安全生产法》规定，建筑施工单位的主要负责人和安全生产管理人员，应当由（　　）对其安全生产知识和管理能力考核合格后方可任职。

A. 县级以上人民政府　　B. 有关主管部门

C. 行业协会　　D. 建设行政主管部门

26. 我国《安全生产法》规定，使用危险物品的车间应当（　　）。

A. 设置在员工宿舍附近　　B. 与员工宿舍保持一定距离

C. 视需要封闭若干出口　　D. 设有符合紧急疏散要求的出口

27. 我国《安全生产法》规定，未为从业人员提供符合国家标准或者行业标准的劳动防护用品的，责令限期改正；逾期未改正的，责令停止建设或者停产停业整顿，可以并处（　　）罚款。

A. 3万元以下　　B. 5万元以下

C. 10万元以下　　D. 10万元以上

28.《建设工程安全生产管理条例》规定，建设单位、设计单位、施工单位和监理单位没有履行职责造成人员伤亡和事故损失的，情节严重的处理为（　　）。

A. 责令停业整顿，降低资质等级或吊销资质证书

B. 依法追究刑事责任

C. 降低资质等级

D. 吊销资质证书

29. 工程监理单位在实施监理过程中，发现存在一定程度的安全事故隐患，应当(　　)。

A. 要求施工单位整改　　B. 要求施工单位暂时停止施工

C. 及时报告建设单位　　D. 及时向有关主管部门报告

30. 建设工程实行施工总承包的，由(　　)对施工现场的安全生产负总责。

A. 设计单位　　B. 建设单位　　C. 总承包单位　　D. 监理单位

31.《建设工程安全生产管理条例》规定，在中华人民共和国境内从事建设工程的(　　)等活动，必须遵守本条例。

A. 新建、扩建和拆除　　B. 新建、改建和拆除

C. 新建、扩建和改建　　D. 新建、扩建、改建和拆除

32. 施工单位在采用新技术、新工艺、新设备、新材料时，应当对作业人员进行相应的(　　)。

A. 技术交底　　B. 安全生产教育培训

C. 安全培训　　D. 技术培训

33. 某建筑施工企业在 2006 年 5 月仍在持 2003 年 1 月 1 日办理的安全生产许可证进行施工，则对其的正确处理方式是(　　)。

A. 可继续施工，同时补办延期手续

B. 可继续施工不做处理

C. 停止施工，限期补办延期手续，没收违法所得，并处以 5 万元以上 10 万元以下罚款

D. 停止施工，限期补办延期手续，没收违法所得，并处以 10 万元以上 50 万元以下罚款

34. 根据《建设工程质量管理条例》关于质量保修制度的规定，下列关于最低保修期限的说法错误的是(　　)。

A. 基础设施工程、房屋建筑的地基基础工程和主体结构工程，为设计文件规定的该工程的合理使用年限

B. 屋面防水工程、有防水要求的卫生间、房间和外墙面防渗漏，为 5 年

C. 供热与供冷系统，为 2 个采暖期、供冷期

D. 电气管线、给排水管道、设备安装和装修工程，为 3 年

35. 下列单位中，(　　)不能作为对建设工程质量进行监督管理的主体。

A. 工程监理单位　　B. 国家建设部

C. 铁道部、交通部、水利部　　D. 地方建设行政主管部门

36. 工程监理人员发现工程设计不符合合同约定的质量标准的，应(　　)。

A. 指示施工单位修改设计文件

B. 要求设计单位改正

C. 将设计文件修改后发给施工单位实施

D. 报告建设单位要求设计单位改正

37. 依据《大气污染防治法》，下列说法错误的是(　　)。

A. 向大气排放粉尘的排污单位，必然采取密闭措施

B. 严格限制向大气排放含有有毒物质的废气和粉尘

C. 运输能够散发有毒有害气体的，必须采取密闭措施或者其他防护措施

D. 在城市市区进行建设施工的单位，必须按照当地环境保护的规定，采取防治扬尘污染的措施

38. 根据《环境影响评价法》条的规定，不是我国建设项目环境影响评价制度内容的是(　　)。

A. 环境影响评价制度　　B. 环境影响评价文件备案制度

C. 建设项目后评价制度　　D. 跟踪检查制度

39. 对于经审查合格的节能设计文件，下列说法中正确的是(　　)。

A. 当施工难度较大时，建设单位有权要求设计单位、施工单位修改节能设计文件，降低节能标准

B. 当施工成本较高时，建设单位有权要求设计单位、施工单位修改节能设计文件，降低节能标准

C. 当施工工期较长时，建设单位有权要求设计单位、施工单位修改节能设计文件，降低节能标准

D. 建设单位不得以任何理由要求设计单位、施工单位修改节能设计文件，以降低节能标准

40. 按照国家工程建筑消防技术标准进行消防设计的建筑工程竣工时，必须经(　　)进行消防验收。

A. 建设行政主管部门　　B. 监理单位

C. 公安消防机构　　D. 设计单位

41. 某企业扩建厂房，未经公安消防机构验收即投入使用，未发生消防事故。后被查处，该企业采取积极态度配合公安消防机构检查处理。对该企业及有关人员的处理正确的是(　　)。

A. 责令停止施工　　B. 责令停产停业

C. 单处罚款　　D. 责令限期改正

42. 2005 年 2 月 1 日小李经面试后合格并与某建筑公司签订了为期 5 年的用工合同，并约定了试用期，则试用期最迟至(　　)。

A. 2005 年 2 月 28 日　　B. 2005 年 5 月 31 日

C. 2005 年 8 月 1 日　　D. 2006 年 2 月 1 日

43. 根据《劳动法》的规定，用人单位应当承担连带责任的情形是(　　)。

A. 用人单位克扣或者无故拖欠劳动者工资的

B. 用人单位违反法律规定，侵害女职工和未成年的合法权益，并对其造成害的

C. 用人单位招用尚未解除劳动合同的劳动者，对原用人单位造成经济损失的

D. 用人单位违反法律规定的条件解除劳动合同或者故意拖延不订立劳动合同，对劳动者造成损害的

44.《劳动法》规定，禁止安排女职工从事矿山井下、国家规定的(　　)体力劳动强度的劳动和其他禁忌从事的劳动。

A. 第一级　　B. 第二级　　C. 第三级　　D. 第四级

45. 甲建筑公司设立劳动争议调解委员会，下列争议中，可由劳动争议调解委员会负责调解的是(　　)。

A. 甲建筑公司与本公司员工张某

B. 甲建筑公司与乙公司员工李某

C. 甲建筑公司与乙建筑公司

D. 甲建筑公司员工王某与乙公司

46. 某属于列入城建档案馆接收范围的工程，建设单位于2007年1月1日接到施工单位提交的竣工验收报告，2月1日竣工验收顺利通过。建设单位最晚应于(　　)前向城建档案馆移交该工程项目的档案文件。

A. 2006年11月1日　　B. 2007年4月1日

C. 2007年5月1日　　D. 2007年10月1日

47. 某建筑安装公司在外地设立分支机构，获得批准并依法取得营业执照。下列说法正确的是(　　)。

A. 自分支机构设立之日起30日内向税务机关办理税务登记

B. 自领取营业执照之日起30日内向税务机关办理税务登记

C. 从商店购买专用发票

D. 向税务机关预交纳税保证金

48. 某研究所在装运存有放射性物质的铅箱时，其中一只箱子甩出车外掉在地上，箱子破损，露出放射物。在街上玩耍的7岁儿童王欣看见后，即取出箱中的放射性物质摆弄，结果因过量吸收放射性物质而致病。王欣的治疗费和其他必要费用应由(　　)。

A. 王欣的监护人承担

B. 某研究所承担

C. 主要由放射性物质的生产厂家承担，王欣的监护人适当承担

D. 主要由王欣的监护人承担，某研究所适当分担

49. 甲房屋装修公司在某居民小区内悬挂一块广告宣传牌，因年久失修已严重锈蚀。一日狂风大作，广告牌掉下，将正好经过此处的乙砸伤。则乙受到的损害应由(　　)承担责任。

A. 乙自行承担

B. 甲公司与乙分担

C. 主要由乙承担，甲公司可以给予适当补偿

D. 甲公司承担

50. 某施工单位的项目经理甲因犯重大责任事故罪被判处拘役3个月。在拘役的3个月期间甲的劳动报酬应依下列(　　)原则确定。

A. 同工同酬　　B. 无偿劳动　　C. 酌量发给　　D. 自由裁量是否发给

51. 某建筑工程公司在某分项工程施工过程中，未按施工图纸中的材料数量进行施工，此行为违反了《合同法》中的(　　)原则。

A. 平等　　B. 自愿　　C. 公平　　D. 诚实信用

52. 甲公司以信件形式向乙公司作出要约，但信件未载明日期，则该要约的承诺期限自(　　)开始计算。

A. 甲投寄该信件的邮戳日期　　B. 信件到达乙的签收日期

C. 信件被乙公司阅读的日期　　D. 乙决定承诺甲的日期

53. 缔约过失责任一般发生在(　　)。

A. 合同履行阶段　　B. 合同订立阶段

C. 合同成立后　　D. 合同生效后

54. 当事人采用合同书形式订立合同的，自双方当事人（　　）时合同成立。

A. 制作合同书　　B. 表示受合同约束

C. 签字或者盖章　　D. 达成一致意见

55. 一方以欺诈、胁迫手段订立合同，损害了国家利益。该合同属于（　　）。

A. 可撤销合同　　B. 可变更合同

C. 效力待定合同　　D. 无效合同

56. 按照《合同法》规定，合同履行中如果价款或报酬不明确，应按照（　　）履行。

A. 订立合同时履行地的政府定价　　B. 订立合同时履行地的市场价格

C. 履行合同时履行地的政府定价　　D. 履行合同时履行地的市场价格

57. 按照最高人民法院关于审理建设工程施工合同纠纷案件适用法律问题的解释，如果发包人不及时支付工程款，承包人可以要求其支付利息，利息的给付标准应该按照（　　）标准支付。

A. 一年期存款利率　　B. 一年期贷款利率

C. 同期同类存款利率　　D. 同期同类贷款利率

58. 在特定情况下，当事人可以不必经过协商而变更合同。这种变更被称为（　　）。

A. 约定变更　　B. 法定变更

C. 协商变更　　D. 临时变更

59. 某施工单位向水泥厂订购水泥 100 吨，每吨价格 300 元，总货款为 30 000 元，约定 12 月 10 日前交货，逾期交货的，水泥厂应支付违约金 3 000 元，后水泥厂未能如期交货。关于本案正确的表述应是（　　）。

A. 水泥厂支付违约金后，不必再承担其他民事责任

B. 水泥厂支付违约金后，仍应当继续履行合同

C. 水泥厂继续履行合同后，可不必支付违约金

D. 水泥厂如无过错，可不必支付违约金

60. 担保方式中的保证要求（　　）订立书面保证合同。

A. 债权人和债务人　　B. 保证人和债权人

C. 保证人和债务人　　D. 主合同当事人

二、多项选择题（每题 2 分。每题的备选答案中，有 2 个或 2 个以上符合题意，至少有一个错误选项。错选，本题不得分，少选，所选的每个选项得 0.5 分）

1. 经济法是调整国家在经济管理中发生的经济关系的法律，包括（　　）。

A. 建筑法　　B. 招投标法

C. 反不正当竞争法　　D. 税法

E. 安全生产法

2. 民事法律关系客体，是指民事法律关系之间权利和义务所指向的对象。法律关系客体的种类包括（　　）。

A. 财　　B. 物　　C. 行为　　D. 智力成果　　E. 法人

3. 民事法律行为的委托代理，可以用书面形式，也可以用口头形式。法律规定用书面形式的，应当用书面形式。书面委托代理的授权委托书应当载明（　　）。

A. 代理人的简历　　B. 代理人的资质

C. 代理人的姓名或者名称

D. 代理事项、权限和期间

E. 委托人签名或者盖章

4. 2003 年 4 月 7 日，李某骑车回家经过一工地时，掉入没有设置明显标志和采取安全措施的坑中，造成骨折。李某于同年 5 月 10 日找到建设项目的发包人和承包人要求赔偿，两单位相互推诿。同年 6 月 13 日，李某前往法院起诉，突遭台风袭击，中途返回。下列说法错误的有（　　）。

A. 本案诉讼时效期间于 2004 年 5 月 10 日届满

B. 本案诉讼时效期间于 2005 年 5 月 10 日届满

C. 李某 6 月 13 日的行为引起诉讼时效中断

D. 李某 6 月 13 日的行为引起诉讼时效中止

E. 李某 6 月 13 日的行为引起诉讼时效延长

5. 我国建筑法提倡对建筑工程实行总承包，因此一个建设项目的业主可以将项目的（　　）发包给一个工程总承包企业。

A. 设计—采购—施工

B. 采购—施工

C. 设计—施工

D. 发包—招标

E. 设计—采购

6. 按照《建筑法》的规定，工程监理单位不得转让工程监理业务，否则可以被（　　）。

A. 责令改正

B. 责令停业整顿

C. 吊销资质证书

D. 降低资质等级

E. 处以罚款

7. 根据《招标投标法》第 3 条规定了在中华人民共和国境内进行工程建设项目包括项目的勘察、设计、施工、监理以及与工程建设有关的重要设备、材料等的采购，必须进行招标的项目有（　　）。

A. 大型基础设施、公用事业等关系社会公共利益、公众安全的项目

B. 全部或者部分使用国有资金投资或者国家融资的项目

C. 使用国际组织或者外国政府贷款、援助资金的项目

D. 施工主要技术采用特定的专利或者专有技术的

E. 施工企业自建自用的工程，且该施工企业资质等级符合工程要求的

8. 我国《安全生产法》规定，生产经营单位使用的涉及生命安全、危险性较大的特种设备投入使用的前提条件有（　　）。

A. 由指定单位生产

B. 经取得专业资质的检测、检验机构检测、检验合格

C. 取得安全使用证或者安全标志

D. 由技术监督局审查批准

E. 取得公安机关的使用许可

9. 我国《安全生产法》规定，生产经营单位的主要负责人未履行本法规定的安全生产管理职责，导致发生生产安全事故，尚不够刑事处罚的，可给予（　　）处分。

A. 警告　　B. 撤职　　C. 罚款　　D. 刑事　　E. 开除

10. 根据《建设工程安全生产管理条例》规定，下列说法正确的是（　　）。

A. 建设单位不得向有关单位提出影响安全生产的违法要求

B. 监理单位应当审查专项施工方案

C. 工程监理单位对建设工程安全生产不承担责任

D. 总承包单位应当自行完成建设工程主体结构的施工

E. 分包单位只接受总承包单位的安全生产管理

11. 在建设单位的下列行为中，责令其改正，处 20 万元以上 50 万元以下罚款的有(　　)。

A. 建设项目必须实行工程监理而未实行工程监理

B. 未取得施工许可证或者开工报告未经批准就擅自施工

C. 明示或者暗示施工单位使用不合格的建筑材料、建筑构配件和设备

D. 对不合格的建设工程按照合格工程验收

E. 未按国家规定将竣工验收文件报送备案

12. 根据《消防法》，有下列行为之一的应处警告、罚款或者十日以下拘留的是(　　)。

A. 违法使用明火作业

B. 谎报火警的

C. 堵塞消防通道的

D. 拒不执行火场指挥员指挥，影响灭火救灾的

E. 经建设行政主管部门批准，在有车间的建筑物内设置员工集体宿舍

13. 有下列(　　)情形之一的，劳动者可以随时通知用人单位解除劳动合同。

A. 用人单位管理人员违章指挥

B. 在试用期内的

C. 用人单位濒临破产

D. 用人单位未按照劳动合同约定提供劳动条件的

E. 用人单位未按照劳动合同约定支付劳动报酬的

14. 根据《建设工程文件归档整理规范》，应当归档的施工文件包括(　　)。

A. 地基处理记录　　B. 工程图纸设计变更记录

C. 工程质量检验记录　　D. 建设工程竣工验收记录

E. 建设工程施工许可证

15. 某建筑公司刚刚成立不久，公司财务人员必须持有税务登记证件才能办理下列事项(　　)。

A. 开立银行账户　　B. 申请减税、免税、退税

C. 申请办理延期申报、延期缴纳税款　　D. 营业执照

E. 申请开具外出经营活动税收管理证明

16. 某工地塔吊未按安全生产规定进行按时检查加固。为了赶进度，管理者明知存在安全隐患，仍继续要求施工，结果在施工过程中倒塌，造成重大伤亡。对此应负刑事责任的有(　　)。

A. 该工地的负责人　　B. 负责塔吊安全的管理人

C. 塔吊的销售人员　　D. 该建筑公司的负责人

E. 工地上的工作人员

17. 在施工过程中，由于出现了下列情形，造成建设工程的质量缺陷，应该由发包人承担责任的是(　　)。

A. 承包人施工管理不到位，出现偷工减料的现象

B. 发包人采购的材料不符合强制性标准

C. 提供的设计有缺陷

D. 监理工程师现场错误指导

E. 由发包人指定的分包商施工质量出现问题

18. 下列债务人的行为中，可能导致债权人行使撤销权的有(　　)。

A. 债务人经营状况严重恶化

B. 债务人放弃到期债权

C. 债务人丧失商业信誉

D. 债务人无偿转让财产

E. 债务人以明显不合理低价转让财产

19. 合同当事人一方违约后，守约方要求其承担继续履行的违约责任，则下列人民法院对守约方的请求不予支持的情形有(　　)。

A. 违约方所负债务为非金钱债务

B. 债务的标的不适于强制履行

C. 继续履行费用过高

D. 违约方已支付违约金或赔偿损失

E. 事实上不能履行

20. 材料供应商张某对工商局违法扣押其货物提起行政复议，在复议期间，工商局的具体行政行为可以继续执行，但有下列情形(　　)之一的，可以停止执行。

A. 张某申请停止执行，复议机关认为合理

B. 工商局将扣押改为查封

C. 工商局认为需要停止执行

D. 行政复议机关认为需要停止执行

E. 张某提起行政诉讼

考试模拟试题四

一、单项选择题(每题 1 分,每题的备选答案中,只有 1 个是最符合题意的)

1. 赵某于 2006 年 9 月取得建造师执业资格,但他在 2004 年 3 月担任项目经理时所负责的工程曾发生重大质量事故,则他只有在(　　)后才能申请注册。

A. 2007 年 3 月　　B. 2007 年 9 月　　C. 2009 年 3 月　　D. 2009 年 9 月

2. 行政规章是由(　　)制定的法律规范性文件,包括部门规章和地方政府规章。

A. 地方人民政府　　B. 最高国家行政机关

C. 国务院　　D. 国家行政机关

3. 下列选项中(　　)不是工程建设法律关系的构成要素。

A. 法律关系主体　　B. 法律关系客体

C. 法律关系内容　　D. 法律关系规定性文件

4. 父母作为监护人代理未成年人进行民事活动属于(　　)。

A. 法定代理　　B. 指定代理　　C. 约定代理　　D. 委托代理

5. 普通诉讼时效期间通常为(　　)。

A. 6 个月　　B. 1 年　　C. 2 年　　D. 4 年

6. 有著作权侵权行为的,应当根据具体情况承担停止侵害、消除影响、赔礼道歉、赔偿损失等民事责任;对于损害公共利益或情节严重的侵权行为,可以由(　　)依法追究其行政责任;构成犯罪的,依法追究刑事责任。

A. 知识产权保护组织　　B. 国家出版局

C. 政府相关管理部门　　D. 著作权行政管理部门

7. 欣欣公司新建一职工宿舍,合同工期 6 个月,工程合同价 1 000 万元人民币,原则上资金到位(　　)方能领取施工许可证。

A. 1000 万元人民币　　B. 500 万元人民币

C. 300 万元人民币　　D. 100 万元人民币

8. 有关部门在对一在建住宅小区工地的行政执法联合检查中发现,该工程虽符合开工条件,但尚未取得施工许可证。根据《建筑法》规定,应(　　)。

A. 责令改正　　B. 责令停止施工

C. 对建设单位处以罚款　　D. 降低施工单位资质等级

9. 按照有关规定,我国工程设计单位的资质分为(　　)。

A. 工程设计综合资质、工程设计行业资质、工程设计专项资质

B. 工程设计综合资质、工程设计行业资质、工程设计专业资质

C. 工程设计综合资质、工程设计专业资质、工程设计劳务资质

D. 工程设计行业资质、工程设计专项资质、工程设计劳务资质

10. 甲、乙两家建筑公司组成了一个联合体投标并中标。甲、乙的共同投标协议约定,如果

在施工的过程中出现质量问题而遭遇业主的索赔，各自承担索赔额的50%。在施工过程中，由于乙公司所用施工技术不当出现了质量问题并因此遭到业主20万元的索赔。以下说法不符合法律规定的是（　　）。

A. 虽质量事故是乙的技术所致，但联合承包体各方对承包合同的履行承担连带责任，甲或乙无权拒绝业主单独向其提出的索赔要求

B. 共同投标协议约定甲乙各承担50%的责任，业主只能分别向甲、乙各索赔10万元

C. 业主既可要求甲承担赔偿责任，也可要求乙承担赔偿责任

D. 若甲先行赔付业主20万元，甲可以向乙追偿10万元

11. 根据《建筑法》，下面关于分包的说法正确的是（　　）。

A. 承包单位可以将其承包的工程全部分包出去，自己仅仅负责管理工作

B. 分包单位仅应对总承包单位负责

C. 总承包单位和分包单位就分包工程对建设单位承担连带责任

D. 如果必要，分包单位可以将其承包的工程再分包

12. 按照我国建筑法的规定，施工现场安全由（　　）负责。

A. 施工单位

B. 监理单位和施工单位共同

C. 建设单位，监理单位和施工单位共同

D. 建设单位

13. 根据《建筑法》的规定，实施监理的建筑工程，由（　　）委托具有相应资质条件的工程监理单位监理。

A. 施工单位　　　　B. 县级以上人民政府

C. 建设行政主管部门　　　　D. 建设单位

14. 某监理公司接受委托承担一工程项目的监理任务，派驻现场的监理工程师，对其监理依据有下列看法，其中正确的是（　　）。

A. 施工单位执行《建筑法》等法律法规的情况，应由政府建设行政管理部门监督，故法律、法规不是工程监理依据

B. 监理施工单位“照图施工”是自己的权利和义务，施工图设计文件应作为监理依据

C. 工程进度应由施工承包单位监督检查，工程承包合同中约定的进度条款不属于监理依据

D. 工程款支付是建设单位的权利，工程承包合同中的工程款支付条款不属于监理依据

15. 某工程投标总价为5 000万元，则投标保证金最高不得超过（　　）万元。

A. 20　　B. 50　　C. 80　　D. 100

16. 我国招标投标法规定，开标地点应为（　　）。

A. 招标人办公地点　　　　B. 招标文件中预先确定的地点

C. 政府指定的地点　　　　D. 招标代理机构办公地点

17. 我国《招标投标法》规定，依法必须进行招标的项目，其评标委员会人数应为（　　）人以上单数。

A. 3　　B. 5　　C. 7　　D. 9

18. 某施工项目招标，招标文件开始出售的时间是3月20日，停止出售的时间为3月30日，提交招标文件的截止日期为4月25日，评标结束时间为4月30日，则投标有效期开始的

时间为(　　)。

A. 3 月 20 日　　B. 3 月 30 日　　C. 4 月 25 日　　D. 4 月 30 日

19. 投标文件中的大写金额和小写金额不一致的,应(　　)。

A. 以小写金额为准　　B. 以大写金额为准

C. 由投标人确认　　D. 由招标人确认

20. 根据《招标投标法》和《工程建设项目施工招标投标办法》的有关规定,评标委员会提出书面评标报告后,招标人最迟应当在投标有效期结束日(　　)个工作日前确定中标人。

A. 7　　B. 15　　C. 30　　D. 45

21. 根据《招标投标法》及有关规定,下列项目不属于必须招标的工程建设项目范围的是(　　)。

A. 某城市的地铁工程　　B. 国家博物馆的修葺工程

C. 某省的体育馆建设项目　　D. 张某给自己建的别墅

22. 下列关于开标的说法正确的是(　　)。

A. 开标应当在招标文件确定的提交投标文件截止时间的同一时间公开进行

B. 开标前由招标人检查投标文件密封情况

C. 开标地点应当根据建设行政主管部门指定的地点确定

D. 开标由建设行政主管部门的工作人员主持,所有投标人都必须参加

23.《安全生产法》规定,安全生产管理坚持(　　)的方针。

A. 安全第一、效益第二　　B. 安全第一、兼顾效益

C. 安全第一、预防为主　　D. 安全第一、事前控制

24. 根据《安全生产法》的规定,下列选项中(　　)不是生产经营单位主要负责人的安全生产职责。

A. 为从业人员缴纳保险费

B. 组织制定本单位安全生产规章制度和操作规程

C. 督促和检查本单位的安全生产工作,及时消除生产安全事故隐患

D. 组织制定并实施本单位的生产安全事故应急救援预案

25. 根据《安全生产法》的规定,矿山、建筑施工单位和危险物品的生产、经营、储存单位,应当(　　)。

A. 设置安全生产管理机构

B. 配备专职安全生产管理人员

C. 设置安全生产管理机构或者配备专职安全生产管理人员

D. 设置安全生产管理机构并且配备专职安全生产管理人员

26. 小王是大户建设公司的起重机操作员,某日在操作起重机时遇到旁边的塔楼崩塌,小王迅速逃离现场,结果造成起重机毁损,则小王(　　)。

A. 应当赔偿大户建设公司的损失

B. 应当赔偿大户建设公司的部分损失

C. 不需要赔偿大户建设公司的损失

D. 是否需要赔偿损失要由大户建设公司决定

27. 在建设工程安全生产管理基本制度中,(　　)是建筑生产中最基本的安全管理制定,是所有安全规章制度的核心。

A. 安全生产责任制定　　B. 群防群治制定
C. 安全生产教育培训制定　　D. 安全责任追究制定

28. 我国《安全生产法》规定，生产经营单位与从业人员订立协议，免除或者减轻其对从业人员因生产安全事故伤亡依法应承担的责任的，该协议（　　）。

A. 无效　　B. 有效
C. 经备案后生效　　D. 是否生效应视具体情况而定

29.《建设工程安全生产管理条例》规定，施工现场使用的装配式活动房屋应当具有（　　）。

A. 生产许可证　　B. 生产合格证　　C. 产品许可证　　D. 产品合格证

30. 工程监理单位在实施监理过程中，发现存在安全事故隐患，且情况严重的，应当（　　）。

A. 要求施工单位整改
B. 要求施工单位暂时停止施工
C. 要求施工单位暂时停止施工，并及时报告建设单位
D. 及时向有关主管部门报告

31. 下列关于总承包单位安全责任的说法，正确的是（　　）。

A. 应当自行完成建设工程主体结构的施工
B. 可以将工程建设的全部再分包给其他单位
C. 不可以将建设工程分包给其他单位
D. 对分包工程的安全生产不承担连带责任

32. 建设单位未将保证安全施工的措施等有关资料报送有关部门备案的，责令（　　）。

A. 工程停工　　B. 限期改正，给予警告
C. 给予罚款　　D. 给予刑事处罚

33. 建筑安全监督机构在检查施工现场时，发现某施工单位在没有竣工的建筑物内设置员工集体宿舍，下列表述正确的是施工单位（　　）。

A. 经工程所在地建设安全监督机构同意，可以继续使用
B. 经工程所在地建设行政主管部门同意，可以继续使用
C. 必须将宿舍迁出
D. 经工程所在地质量监督机构同意，可以继续使用

34.《建设工程安全生产管理条例》规定，（　　）应当为施工现场从事危险作业的人员办理意外伤害保险。

A. 设计单位　　B. 建设单位　　C. 施工单位　　D. 监理单位

35. 施工起重机械和整体提升脚手架、模扳等自升式架设设施的使用达到国家规定的检验检测期限的必须经具有（　　）的检验检测机构检测。

A. 权威　　B. 法定　　C. 专业资质　　D. 技术能力

36.《建设工程质量管理条例》强调了工程质量必须实行（　　）监督管理。

A. 政府　　B. 企业　　C. 社会　　D. 行业

37. 根据《建设工程质量管理条例》，（　　）应按照国家有关规定组织竣工验收，建设工程验收合格的，方可交付使用。

A. 建设单位　　B. 施工单位　　C. 监理单位　　D. 设计单位

38. 根据《建设工程质量管理条例》关于质量保修制度的规定，屋面防水工程、有防水要求的卫生间、房间和外墙面防渗漏的最低保修期为（　　）。

A. 6 个月　　B. 1 年　　C. 3 年　　D. 5 年

39. 某工程试验员王某欲对正在浇筑的二层框架柱混凝土取样，按《建设工程质量管理条例》要求，试验员王某应当在（　　）监督下在混凝土浇筑口制备试块。

A. 监理单位　　B. 建设单位

C. 建设单位或监理单位　　D. 建设单位和监理单位

40. 根据《实施工程建设强制性标准监督规定》，下列关于对实施工程建设强制性标准进行监督的表述错误的是（　　）。

A. 建设项目规划审查机关应当对工程建设规划阶段执行强制性标准的情况实施监督

B. 施工图设计审查单位应当对工程建设勘察阶段执行强制性标准的情况实施监督

C. 施工图设计审查单位应当对工程建设设计阶段执行强制性标准的情况实施监督

D. 建筑安全监督管理机构应当对工程建设勘察阶段执行安全强制性标准的情况实施监督

41. 根据《大气污染防治法》的规定，向大气排放粉尘的排污单位，必须采取（　　）。

A. 除尘措施　　B. 扬尘措施

C. 密闭措施　　D. 防毒措施

42. 位于甲省的某项目产生大量建筑垃圾，经协商可转移至乙省某地填埋，但需要途径丙省辖区，则下列观点正确的是（　　）。

A. 无须经任何部门许可

B. 应当向乙省环保部门报告并经丙环保部门许可

C. 应向丙环保部门报告并经甲环保部门许可

D. 应向丙省环保部门报告并经乙省环保部门许可

43. 关于消防设计图纸的审核，应由（　　）将消防设计图纸报送公安消防机构审核。

A. 建设单位　　B. 设计单位　　C. 施工单位　　D. 监理单位

44. 有关劳动保护法规定，劳动者在劳动过程中的法定义务是（　　）。

A. 拒绝执行违章指挥　　B. 拒绝冒险作业

C. 检举危害生命安全的行为　　D. 严格遵守安全操作规程

45. 根据《劳动法》，劳动安全卫生设施必须符合（　　）规定的标准。

A. 国家　　B. 部门　　C. 行业　　D. 地区

46. 在以下合同中，依法有效的劳动合同是（　　）。

A. 甲餐馆雇佣 15 岁的周某作传菜工

B. 乙企业招用孙女士作大堂导引员，约定每天工作 9 小时

C. 丙企业因董事长受到李某威胁而不得已聘用其进厂做工

D. 丁公司采取欺骗手段与王某签订劳动合同，损害了国家利益

47. 下列关于劳动仲裁原则表述正确的是（　　）。

A. 或裁或审原则，即对于提请仲裁的案件，人民法院无权受理；人民法院已受理的案件，劳动仲裁机构无权仲裁

B. 一裁终局原则，也称一次裁决原则，即指一个裁级一次裁决，一次裁决即为终局裁决

C. 自愿仲裁原则，申请劳动仲裁需要双方签署劳动仲裁协议，自愿交由仲裁机构裁决

D. 合议原则，指仲裁庭裁决劳动争议案件，实行少数服从多数的原则，不能形成多数意见的，按照首席仲裁员的意见裁决

48. 某电力大厦系甲市政府投资建设的重大项目，根据施工计划，预计在 2007 年 10 月 1 日组织竣工验收。对该项目档案验收应在(　　)进行。

A. 2007 年 7 月 1 日前　　B. 2007 年 7 月 1 日后

C. 2007 年 12 月 31 日前　　D. 2007 年 12 月 31 日后

49. 某企业因未按照规定期限缴纳税款，被税务机关责令限期缴纳。该企业于迟延 90 天后完成了纳税义务，缴纳税款 100 万元人民币。此外其还应缴纳滞纳金(　　)万元。

A. 2.7　　B. 4.5　　C. 27　　D. 45

50. 正在施工的某高层建筑内，工人甲为图省事，夜里将建筑所用的废料从楼上扔下，误砸中下夜班的乙。对甲的行为分析正确的是(　　)。

A. 直接故意　　B. 间接故意

C. 过于自信的过失　　D. 疏忽大意的过失

51. 重大劳动安全事故罪的客观方面是(　　)。

A. 安全生产设施或安全生产条件不符合国家规定，造成严重后果

B. 生产、作业中违反有关安全管理规定，造成严重后果

C. 生产过程中，监理机构擅自降低工程质量标准，造成严重后果

D. 设计单位违反国家规定，设计出不合格的施工方案，造成严重后果

52. 根据《行政处罚法》的规定，下列不属于行政处罚的是(　　)。

A. 记过　　B. 责令停止营业

C. 暂扣或者吊销许可证　　D. 行政拘留

53. 甲是某建筑公司司机，在建筑工地驾车作业时违反操作规程，不慎将一名施工工人轧死。则对甲的行为应当(　　)。

A. 按过失致人死亡罪处理　　B. 按交通肇事罪处理

C. 按重大责任事故罪处理　　D. 按意外事件处理

54. 甲建筑工程公司与乙投资商签订的施工承包合同属于(　　)。

A. 双务合同　　B. 口头合同

C. 担保合同　　D. 留置合同

55. 无效合同从(　　)之日起就不具备法律效力。

A. 确认　　B. 订立　　C. 履行　　D. 谈判

56. 合同中关于(　　)条款的效力具有相对独立性，不受合同无效、变更或者终止的影响。

A. 违约责任　　B. 解决争议

C. 价款或酬金　　D. 数量和质量

57. 下列附条件合同效力的描述，正确的是(　　)

A. 附生效条件的合同，自条件成就时失效

B. 附解除条件的合同，自条件成就时生效

C. 附生效条件的合同，当事人为自己的利益不正当地阻止条件成就时，该合同生效

D. 附解除条件的合同，当事人为自己的利益不正当地阻止条件成就时，该合同有效

58. 按照《合同法》规定，合同履行地点不明确时，下列表述正确的是(　　)。

A. 给付货币的，在支付货币一方所在地履行

B. 给付货币的，在接受货币一方所在地履行

C. 交付不动产的，在履行义务一方所在地履行

D. 交付不动产的，在接受义务一方所在地履行

59. 乙欠甲 50 万元钱长期未还，乙有一套住房价值 100 万元，突然乙在未清偿债务的情况下将住房以 100 万元的价格卖给了他人，此时，甲如要行使撤销权，应当在(　　)内行使。

A. 从知道或应当知道撤销事由之日起 1 年

B. 从知道或应当知道撤销事由之日起 2 年

C. 从撤销事由发生之日起 1 年

D. 从撤销事由发生之日起 2 年

60. 依《合同法》的规定，债务人接到债权转让通知后，债务人对让与人的抗辩权应向(　　)主张。

A. 让与人　　B. 受让人

C. 让与人或受让人　　D. 第三人

二、多项选择题(每题 2 分。每题的备选答案中，有 2 个或 2 个以上符合题意，至少有一个错误选项。错选，本题不得分，少选，所选的每个选项得 0.5 分)

1. 委托代理终止的情形有(　　)：

A. 代理期间届满或者代理事务完成

B. 被代理人取消委托或者代理人辞去委托

C. 代理人死亡

D. 代理人丧失民事行为能力

E. 被代理人死亡

2. 如果建设项目不属于必须招标的项目则可以招标也可以不招标。但是，即使符合必须招标项目的条件但是属于某些特殊情形的，也是可以不招标的。可以不进行招标的施工项目包括(　　)。

A. 大型基础设施、公用事业等关系社会公共利益、公众安全的项目

B. 全部或者部分使用国有资金投资或者国家融资的项目

C. 属于利用扶贫资金实行以工代赈需要使用农民工的

D. 施工主要技术采用特定的专利或者专有技术的

E. 施工企业自建自用的工程，且该施工企业资质等级符合工程要求的

3. 我国《安全生产法》规定，一般从业人员上岗作业之前，须(　　)。

A. 接受安全教育　　B. 掌握本单位的全部安全生产知识

C. 了解有关的安全生产规章制度　　D. 熟悉有关的安全操作规程

E. 掌握本岗位的安全操作技能

4. 我国《安全生产法》规定，生产经营单位(　　)，责令限期改正；逾期未改正的，责令停产停业整顿，可以并处 2 万元以上 10 万元以下的罚款；造成严重后果，构成犯罪的，依照刑法有关规定追究刑事责任。

A. 对重大危险源未登记建档

B. 未对安全设备进行经常性维护、保养和定期检测的

C. 对重大危险源未进行评估、监控

D. 对重大危险源未制定应急预案的

E. 进行爆破、吊装等危险作业，未安排专门管理人员进行现场安全管理的

5. 某施工单位项目部在城市街区进行深基坑开挖工程，依照《安全生产法》规定，以下表述正确的是（　　）。

A. 施工单位应当登记建档

B. 施工单位应当制定紧急预案

C. 施工单位作的应急措施应经安全监督部门批准

D. 施工单位作的应急措施应经安全监督部门论证

E. 施工单位作的应急措施应经安全监督部门备案

6. 下列属于工程监理单位安全责任的是（　　）。

A. 对建设工程安全生产承担监理责任

B. 向施工单位提供有关资料

C. 不得明示或暗示施工单位使用不符合安全施工要求的物资

D. 审查施工组织设计中的安全技术措施

E. 及时、如实报告生产安全事故

7. 施工单位的主要负责人、项目负责人有（　　）违法行为，不够刑事处罚的，处 2 万元以上 20 万元以下的罚款或者按照管理权限给予撤职处分；自刑罚执行完毕或者受处分之日起，5 年内不得担任任何施工单位的主要负责人、项目负责人。

A. 在施工组织设计中未编制安全技术措施、施工现场临时用电方案

B. 未在施工现场的危险部位设置明显的安全警示标志

C. 施工机具及配件在进入施工现场前未经查验或者查验不合格即投入使用的

D. 委托不具有相应资质的单位承担整体提升脚手架、模板等自升式架设设施

E. 使用国家明令淘汰、禁止使用的危及施工安全的设备、材料

8. 某建筑施工企业要取得安全生产许可证，其应具备的安全生产条件有（　　）。

A. 投入保证其安全生产条件所需的资金

B. 设置安全生产管理机构，由有关技术人员兼职安全生产管理

C. 仅在现场作业区设置安全防护用具

D. 依法参加工伤保险

E. 特种作业人员具有特种作业操作资格证书

9. 建设工程质量监督机构的主要任务包括（　　）。

A. 根据政府主管部门委托，受理建设工程项目质量监督

B. 制定质量监督方案

C. 检查预制建筑构件和商品混凝土的质量

D. 组织工程竣工验收

E. 检查施工现场工程建设各方主体的质量行为

10.《建设工程质量管理条例》规定。任何单位和个人对建设工程的质量事故、质量缺陷都有（　　）。

A. 检举权　　B. 处理权　　C. 控告权　　D. 投诉权　　E. 检验权

11. 在下列各项中，属于《节能中长期专项规划》规定的节能重点工程包括（　　）。

A. 区域热电联产工程　　B. 余热余压利用工程

C. 绿色照明工程　　D. 建筑节能工程

E. 居住物业锅炉改造工程

12. 在下列行为中，可能会受到拘留处罚的有(　　)。

A. 某建筑业企业在设有车间或者仓库的建筑物内设置员工集体宿舍

B. 副厂长李某因担心受到处分而阻拦值班人员报火警

C. 市民钱某趁商场发生火灾哄抢商品，拒不听从火灾现场指挥人员制止

D. 擅自挪用、拆除、停用消防设施、器材

E. 有重大火灾隐患，经公安消防机构通知逾期不改正

13. 根据《劳动法》，有下列(　　)情形之一的，用人单位不得解除劳动合同。

A. 劳动者患病，医疗期满后，不能从事原工作也不能从事由用人单位另行安排的工作

B. 劳动者非因公负伤，在规定的医疗期内的

C. 劳动者因公负伤，并被确认部分丧失劳动能力的

D. 劳动者不能胜任工作，经过培训或者调整工作岗位，仍不能胜任工作的

E. 劳动合同订立时所依据的客观情况发生重大变化，致使原劳动合同无法履行，经当事人协商不能就变更劳动合同达成协议

14. 某施工企业在人员管理过程中，发生如下事情，其中不符合劳动法规范的做法有(　　)。

A. 某女工因休产假时间过长，达 5 个月之久，单位因而将其除名

B. 工人刘某因被怀疑参与一起恶性案件被刑事拘留，单位随即解除了与他的劳动合同

C. 因试用期考核未通过，单位通知郑某第二天就不要上班了

D. 孙某因患职业病而就医，不能继续工作，单位遂将其辞退

E. 某职工因交通事故受伤，不能胜任原岗位工作，将其调整到传达室收发信件

15. 下列关于劳动仲裁委员会的设置和职能，表述正确的有(　　)。

A. 县、市、市辖区应当设立劳动争议仲裁委员会

B. 仲裁委员会组成人员必须是单数，主任由劳动行政主管部门的负责人担任

C. 县、市、市辖区仲裁委员会只负责本行政区域内发生的劳动争议

D. 发生争议的企业与职工不在同一辖区的，由职工工资关系所在地的仲裁委员会处理

E. 仲裁庭只能由一名首席仲裁员和二名仲裁员组成

16. 某工程项目发现以下事件：施工单位项目经理张某故意降低工程质量标准；监理单位的总监理工程师王某无视现场安全隐患；包工头李某强令工人赵某违章冒险作业，结果造成赵某死亡；建设单位负责人陈某收受安装公司负责人高某的贿赂，并为其谋取不当利益。则应追究刑事责任的主体有(　　)。

A. 施工单位项目经理张某　　B. 监理单位总监理工程师王某

C. 包工头李某　　D. 建设单位负责人陈某

E. 安装公司负责人高某

17. 张某向李某发出要约，李某如期收到，则下列(　　)情形，均会使该要约失效。

A. 李某打电话给张某拒绝该要约

B. 张某通知李某撤销该要约

C. 张某依法撤回要约

D. 承诺期限届满，李某未作承诺

E. 李某对要约的内容作出实质性变更

18. 缔约过失责任的构成要件有(　　)。

A. 该责任发生在订立合同的过程中

B. 合同被确认无效

C. 当事人违反了诚实信用原则所要求的义务

D. 受害方的信赖利益遭受损失

E. 受害方的信赖利益遭受重大损失

19. 合同转让的类型有(　　)。

A. 约定转让

B. 法定转让

C. 权利转让

D. 义务转让

E. 权利义务概括转让

20. 在审查与受理仲裁申请过程中,以下说法正确的是(　　)。

A. 仲裁委员会认为仲裁申请不符合受理条件的,应当书面通知当事人

B. 仲裁委员会应在收到仲裁申请书之日起 10 日内确认是否受理

C. 申请人经书面通知,无正当理由不到庭可以缺席裁决

D. 被申请人经书面通知,无正当理由不到庭可以缺席裁决

E. 仲裁委员会受理仲裁申请后,应当将仲裁规则和仲裁员名册送达申请人

考试模拟试题五

一、单项选择题(每题1分,每题的备选答案中,只有1个是最符合题意的)

1. 郑某取得二级建造师注册证书后,可以从事的工作是(　　)。

A. 受聘于一家工程监理单位,从事工程监理工作

B. 担任一项大型房屋建筑工程施工项目负责人

C. 将资格证书挂靠在一家建筑施工企业

D. 受聘于某施工企业,担任该企业同时承揽的两个工程项目的负责人

2. 法人的民事行为能力是法律赋予法人独立进行民事活动的能力,其行为能力总是有限的,由其成立的宗旨和(　　)所决定。

A. 注册资金　　B. 业务范围　　C. 企业规模　　D. 业务能力

3. 某建筑设计公司工程师张某接受公司指派的任务,为该公司承揽设计的某住宅楼绘制了工程设计图。按照著作权法的规定,有关该工程设计图著作权的下列表述中,正确的是(　　)。

A. 张某享有工程设计图的署名权,该公司享有著作权的其他权利

B. 张某享有工程设计图的发表权、署名权、修改权和保护作品完整权,该公司享有著作权的其他权利

C. 张某享有工程设计图的所有权利,但该公司在其业务范围内可以优先使用

D. 该公司有工程设计图著作权的所有权利,但应当给予张某相应的奖励

4. 甲施工单位欠乙材料供应商材料款3万元,约定2004年5月1日还款。但到2004年6月1日,甲仍未还钱。2004年7月3日乙向甲要账,乙向甲口头表示同意延期还款。此行为的法律效果是(　　)。

A. 引起诉讼时效的中断　　B 引起诉讼时效的中止

C. 引起诉讼时效的延长　　D. 改变法定时效期间

5. 甲不慎掉入闹市街口的一个正在施工的井里受伤。一年零五个月后到法院起诉,要求施工单位赔偿其损失。对此案,(　　)。

A. 法院不应受理,因为已过了诉讼时效

B. 法院在甲补充了有关时效中止或中断的证据后才可以受理

C. 法院应当受理

D. 法院不应当受理,因为本案过错难以分清

6. 在我国习惯上称之为"致人损害之债",指的是因(　　)而产生的债。

A. 侵权行为　　B. 不当得利　　C. 无因管理　　D. 诈骗行为

7. 某石油公司拟新建总部办公大楼,该公司于2006年10月15日领取施工许可证后因故不能按期开工,遂向发证机关申请第一次延期,但此次延期届满时仍不能开工,不得不申请第二次延期。根据《建筑法》的规定,该工程施工许可证经过两次延期后,其有效期最迟将于(　　)截止。

A. 2007 年 2 月 14 日　　B. 2007 年 4 月 14 日

C. 2007 年 7 月 14 日　　D. 2007 年 7 月 15 日

8. 工程监理企业的资质等级分为甲级、乙级和丙级。乙级工程监理企业可以监理经核定的工程类别中(　　)工程。

A. 一等　　B. 一等和二等

C. 二等和三等　　D. 一等、二等和三等

9. 建筑施工企业甲为承揽到一高层商住楼工程,希望借用施工企业乙的资质证书,乙在收取管理费后将自己的资质证书出借给甲,甲以乙的名义承揽到该工程。乙就此至少应承担的法律责任是(　　)。

A. 责令改正　　B. 降低资质等级

C. 责令停业整顿　　D. 吊销资质证书

10. 甲公司中标成为一栋 24 层写字楼工程合法的施工总承包人。该工程可分为桩基础工程、主体结构工程、暖通水电工程三个部分,甲公司选择了几家符合资质条件的工程公司,经项目业主认可,拟按下列方案之一进行分包。其中建筑法不允许的方案是(　　)。

A. 将桩基础工程交给乙基础工程公司承包,自己负责其余部分的施工

B. 将桩基础工程交给乙公司承包,将暖通水电工程交给丙安装公司承包,自己负责主体结构的施工

C. 将桩基础工程交给乙基础工程公司承包,将暖通水电工程交给丙公司承包,将主体结构交给丁公司承包

D. 将暖通水电工程交给丙安装公司承包,自己负责桩基础工程和主体结构的施工

11. 按照国家有关规定,下列工程必须实行监理的是(　　)。

A. 一座总投资 1 800 万元的养老院　　B. 一个建筑面积 2.6 万平方米的住宅楼

C. 一座总投资 6 100 万元的污水处理厂　　D. 一个总投资 2 300 万元的公共停车场

12. 甲公司 2002 年 9 月取得三级建筑幕墙工程专业承包企业资质,2005 年 12 月取得二级资质。2005 年 11 月甲获得了一笔 4 500 平方米的幕墙工程业务,2006 年 3 月竣工验收不合格,经返工修复后验收合格。由于三级建筑幕墙工程承包企业只能承揽 3 000 平方米及以下的建筑幕墙工程,结算时业主认为甲超越资质等级承揽工程,承包合同无效,拒付工程款。若甲公司诉至法院,法院依法支持下列观点(　　)。

A. 尽管甲超越资质等级承揽工程,但所签承包合同成立,业主应当按约支付工程款

B. 虽然甲在工程竣工前取得了符合该项业务要求的二级资质,但签订合同当时甲超越资质许可范围,业主仍有权拒付工程款

C. 由于工程初次竣工验收不合格,工程施工合同无效

D. 经修复后竣工验收合格,业主有权请求甲承担修复费用,也应依据承包合同约定支付工程款

13. 甲公司中标成为某市一幢 32 层酒店大楼工程的施工总承包人。有关事件如下:(1)生效的总承包合同约定,可将水电暖通安装工程分包,分包施工单位为乙公司。(2)乙公司在与甲公司签订分包合同后,又把其中的水电安装工程分包给了一家具备相应资质的专业安装公司丙。(3)甲公司在签订总包合同后,又与一家总承包二级资质房屋建筑工程公司丁签订了工程主体结构的施工承包合同。上述(　　)合同因违反建筑法的规定属无效合同。

A. (2)　　B. (3)　　C. (1)和(2)　　D. (2)和(3)

14. 下列人员中，不属于建筑工程从业人员的是（　　）。

A. 注册建筑师　　B. 注册结构工程师

C. 注册资产评估师　　D. 注册建造师

15. 甲、乙、丙三家施工总承包企业，甲的资质等级为施工总承包一级，乙为施工总承包二级，丙为施工总承包三级。当三家企业实行联合共同承包时，应当按照（　　）单位的业务许可范围承揽工程。

A. 甲　　B. 乙　　C. 丙　　D. 甲或丙

16. 王某是科正监理公司承担某公路项目的总监理工程师，在工程计量中，王某与施工单位项目负责人李某合谋多计工程量，然后二人平分，由此给建设单位造成了 10 万元损失。对此损失，应由（　　）承担连带责任。

A. 王某与李某

B. 科正监理公司与施工单位项目部

C. 王某、李某、科正监理公司与施工单位项目部

D. 科正监理公司与施工单位

17. 联合体投标时，以联合体中牵头人的名义提交了投标保证金。该保证金对（　　）具有约束力。

A. 联合体的牵头人　　B. 联合体各成员

C. 招标单位　　D. 未支付保证金的其他成员

18. 我国《招标投标法》规定，依法必须进行招标的项目，其评标委员会中，技术、经济等方面的专家不得少于成员总数的（　　）。

A. 五分之三　　B. 五分之四　　C. 三分之一　　D. 三分之二

19. 政府投资建设某小学的教学楼，根据有关法律规定，其勘察设计合同估算价（　　）万元人民币以上必须招标。

A. 25　　B. 50　　C. 100　　D. 200

20. 我国《招标投标法》规定，招标人和中标人应当自中标通知书发出之日起（　　）日内，按照招标文件和中标人的投标文件订立书面合同。

A. 15　　B. 30　　C. 45　　D. 60

21. 甲、乙两个施工单位组成施工联合体投标某图书馆工程，甲为施工总承包一级资质，乙为施工总承包二级资质。则下列说法错误的是（　　）。

A. 该施工联合体应按施工总承包二级资质确定等级

B. 如果该施工联合体中标，甲、乙应就各自承担的工程分别与建设单位签订合同

C. 如果该施工联合体中标，甲、乙应就中标项目向建设单位承担连带责任

D. 如果在合同履行过程中，乙破产，则甲应当承担原由乙承担的工程任务

22. 下列选项属于投标人之间串通投标的行为是（　　）。

A. 甲、乙、丙三家单位竞标，在竞标过程中均高价投标

B. 甲、乙、丙三家单位在竞标前先进行内部竞价，选定丙为中标人后，再参加投标

C. 甲、乙、丙三家单位参加竞标，招标人向甲泄漏了标底

D. 甲、乙、丙三家单位参加竞标，乙为中标向招标人的负责人行贿

23. 我国《安全生产法》规定，生产经营单位的安全生产管理人员，应（　　）。

A. 组织制定本单位安全生产规章制度和操作规程

B. 保证本单位安全生产投入的有效实施

C. 组织制定并实施本单位的生产安全事故应急救援预案

D. 立即处理检查中发现的安全问题

24. 我国《安全生产法》规定，生产经营单位的主要负责人未履行我国安全生产法规定的安全生产管理职责的，应（　　）。

A. 责令生产经营单位停产停业整顿　　B. 给予罚款处理

C. 给予撤职处分　　D. 责令限期改正

25. 在应急救援时，有关地方人民政府和负有安全生产监督管理职责的部门的负责人接到重大生产安全事故的报告后，应当（　　）。

A. 咨询有关专家　　B. 报告上级领导，等候指示

C. 立即赶赴现场，组织抢救　　D. 处罚有关违章人员

26.《建设工程安全生产管理条例》规定，工程中涉及深基坑、地下暗挖工程、高大模板工程的专项施工方案，（　　）应当组织专家进行论证、审查。

A. 设计单位　　B. 建设单位　　C. 施工单位　　D. 监理单位

27. 施工单位应当对管理人员和作业人员每年至少进行（　　）次安全生产教育培训，其教育培训情况记入个人工作档案。

A. 1　　B. 2　　C. 3　　D. 4

28. 专职安全生产管理人员的配备方法由（　　）会同国务院其他有关部门制定。

A. 全国人民代表大会　　B. 建设行政主管部门

C. 建设部　　D. 国务院建设行政主管部门

29. 某建筑施工企业安全生产许可证遗失，其应（　　）。

A. 在媒体上声明作废后，即可申请补办

B. 向原发证机关申请注销

C. 直接向原发证机关申请补办

D. 向原发证机关报告，并在媒体上声明作废后，申请补办

30. 施工现场暂时停止施工的，施工单位应当做好现场防护，所需费用由（　　）承担，或按照合同约定执行。

A. 总包方　　B. 建设方　　C. 分包方　　D. 责任方

31. 某大学将一项重点实验楼工程发包给一家未达到规定资质等级的建筑公司，被查处，相应的处罚应是（　　）。

A. 责令改正，处 50 万元以上 100 万元以下的罚款

B. 责令改正，处 20 万元以上 50 万元以下的罚款

C. 责令改正，处工程合同价款 0.5%以上 1%以下的罚款

D. 责令改正，处工程合同价款 1%以上 2%以下的罚款

32. 下列关于建设工程质量保证金的说法，错误的是（　　）。

A. 全部或者部分使用政府投资的建设项目，按工程价款结算总额 5%左右的比例预留保证金

B. 采用工程质量担保、工程质量保险等保证方式的，保证金的预留比例应降低

C. 发包人在接到承包人返还保证金申请后，应于 14 日内会同承包人按照合同约定的内容进行核实

D. 缺陷责任期可由发、承包双方在合同中约定

33. 某勘察单位超越本单位资质等级承揽工程的，应给予以下处罚（　　）。

A. 责令停止违法行为，处合同约定的勘察费1倍以上2倍以下的罚款；可以责令停业整顿，降低资质等级；情节严重的，吊销资质证书；有违法所得的，予以没收。

B. 责令改正，没收违法所得，处合同约定的勘察费25%以上50%以下的罚款；可以责令停业整顿，降低资质等级；情节严重的，吊销资质证书

C. 责令改正，没收违法所得，处30万元以上50万元以下的罚款

D. 责令改正，处10万元以上30万元以下的罚款

34. 根据标准化法规定，下列关于标准的理解不正确的是（　　）。

A. 按照标准的级别不同，标准可以分为国家标准、行业标准、地方标准和企业标准

B. 对需要在全国某个行业范围内统一的技术要求，应当制定国家标准

C. 对没有国家标准和行业标准而又需要在省、自治区、直辖市范围内统一的工业产品的安全、卫生要求，应当制定地方标准

D. 企业生产的产品没有国家标准、行业标准和地方标准的，可以制定相应的企业标准，作为组织生产的依据

35. 下列关于噪声污染防治的说法中，错误的是（　　）。

A. 在高校附近，禁止夜间进行产生环境噪声污染的建筑施工作业

B. 因煤气管道抢修、抢险作业要求，可以在夜间连续作业

C. 环境影响报告书中，应当有该建设项目所在地单位和居民的意见

D. 建设工程必须夜间施工的，施工单位应在开工15日以前向建设主管部门申报

36. 甲建设单位未进行消防设计，乙建设单位未经消防验收擅自使用工程，丙建设单位降低消防技术标准，丁单位在设有仓库的建筑物内，设置员工集体宿舍，并经公安消防机构批准。以上行为合法的是（　　）。

A. 甲　　B. 乙　　C. 丙　　D. 丁

37. 在试用期内被证明不符合录用条件的，用人单位（　　）。

A. 可以随时解除劳动合同

B. 必须解除劳动合同

C. 可以解除合同，但应当提前30日通知劳动者

D. 不得解除劳动合同

38. 根据《劳动法》，下列选项中，用人单位可以解除劳动合同的情形是（　　）。

A. 职工患病，在规定的医疗期内　　B. 职工因公负伤，伤愈出院

C. 女职工在孕期内　　D. 女职工在哺乳期内

39. 根据《劳动法》的规定，下列选项中，责任人应承担刑事责任的是（　　）。

A. 克扣或者无故拖欠劳动者工资的

B. 非法招用未满16周岁的未成年人的

C. 强令劳动者违章冒险作业，发生重大伤亡事故

D. 拒不支付劳动者延长工作时间工资报酬

40. 劳动争议仲裁委员会由三方代表组成，下列选项中，不能成为代表的是（　　）

A. 政府综合部门代表　　B. 工会代表

C. 职工代表　　D. 劳动行政部门代表

41. 甲公司欲购买乙厂的水泥，经协商，甲同意 3 天后签订正式的水泥买卖合同，并先交 1 万元定金给乙，乙出具的收条上写明："收到甲定金 1 万元。"3 天后，甲了解到乙故意隐瞒了该批水泥已经过期的情况，故拒绝签订合同。则下列说法正确的是(　　)。

A. 甲有权要求乙返还 2 万元并赔偿在买水泥过程中受到的损失

B. 甲有权要求乙返还 1 万元元并赔偿在买水泥过程中受到的损失

C. 甲只能要求乙赔偿在措施买水泥过程中受到的损失

D. 甲有权要求乙承担违约责任

42. 用人单位依据劳动法的规定裁减人员，在(　　)个月内录用人员的，应当优先录用被裁减的人员。

A. 3　　B. 6　　C. 9　　D. 12

43. 关于劳动争议仲裁的特点，下列表述正确的是(　　)。

A. 劳动争议仲裁机构是带有司法性质的行政执行机关

B. 劳动争议仲裁机构不隶属于任何机构

C. 劳动争议仲裁是约定管辖

D. 劳动争议仲裁是一裁终局

44. 项目档案验收组对某重大工程档案进行了验收，并签署了验收意见。下列各项中不属于项目档案验收意见内容的是(　　)。

A. 项目建设概况　　B. 项目档案管理情况

C. 项目档案使用情况　　D. 存在问题、整改要求与建议

45. 下列关于建设工程文件归档的表述正确的是(　　)。

A. 归档可以分阶段进行，也可以在单位或分部工程通过竣工验收前进行

B. 勘察、设计单位应当在任务完成时，将各自形成的有关工程档案向城建档案馆归档

C. 施工、监理单位应当在工程竣工验收后，将各自形成的有关工程档案向建设单位归档

D. 凡设计、施工及监理单位需要向本单位归档的文件，应按国家有关规定单独立卷归档

46. 某建筑安装公司按照国家有关规定，持税务登记证件，在银行或者其他金融机构开立基本存款账户和其他账户时，应当办理的事项还有(　　)。

A. 事先经过税务机关批准　　B. 在公司的账簿中登录税务登记证件号码

C. 在税务登记证件中登录公司的账户　　D. 将其全部账号向税务机关报告

47. 在工程建筑领域，下列行为中构成工程重大安全事故罪的是(　　)。

A. 某房地产楼盘施工过程中，夜间施工，给周围居民带来了严重的损害

B. 某工地施工挖地基，未在周围做防护措施，也没有醒目标识，造成一下夜班工人摔入坑中，重伤

C. 某工程监理单位在进行检查过程中，发现施工单位过度追求施工进度，致使工程质量严重不符合要求，却不依法行使监理职能，造成建筑物倒塌的严重后果

D. 某矿井主在地下水位超高的情况下，仍然要求工人冒险下井开采，造成严重后果

48. 甲施工单位一日被该市建设行政主管部门作出了吊销其营业执照的处罚决定，并以书面形式通知甲。甲认为自己的资质不可能出问题。次日到建设行政主管部门要求"听证"。建设行政主管部门应当适用(　　)。

A. 简易程序　　B. 听证程序　　C. 一般程序　　D. 特殊程序

49. 下列选项中，关于犯罪构成表述正确的是(　　)。

A. 犯罪客体是指我国刑法所保护的而被犯罪所侵害的社会关系

B. 犯罪客体是指客观上必须具备危害社会的行为

C. 犯罪客体是指客观上必须具备危害社会的结果

D. 犯罪客体是指危害行为与危害结果之间的因果关系

50. 甲写信向乙借款，乙未写回信但直接将借款寄来，则表明乙通过(　　)的方式作出承诺。

A. 通知　　B. 行为　　C. 缄默　　D. 默示

51. 下列合同生效的要件中，错误的是(　　)。

A. 合同当事人具有完全的民事行为能力和民事权利能力

B. 意思表示真实

C. 不违反法律、行政性法规的强制性规定，不损害社会公共利益

D. 具备法律所要求的形式

52. 下列代理行为中，不属于无权代理行为的是(　　)。

A. 没有合法授权　　B. 超越代理权

C. 代理权授权不明确　　D. 代理权终止

53. 甲公司授权其采购员去采购乙公司的某产品 100 件，采购员拿着甲公司的空白合同书与乙公司订立了购买 200 件某产品的合同，由此发生纠纷后，应当采取的处理方式是(　　)。

A. 甲公司支付 200 件产品的货款

B. 甲公司可以向乙公司无偿退货

C. 由乙公司交付 100 件产品，甲公司支付相应的货款

D. 由乙公司交付 200 件产品，甲公司支付相应的货款

54. 施工合同中的违法分包或转包属于恶意串通，损害国家、集体或第三人利益的，人民法院可以根据民法通则要求(　　)。

A. 返还财产　　B. 折价补偿

C. 赔偿损失　　D. 收缴当事人已经取得的非法所得

55. 执行政府定价或者政府指导价的，在合同约定的交付期限内政府价格调整时，按照(　　)计价执行。

A. 合同价格　　B. 新价格　　C. 原价格　　D. 交付时价格

56. 某材料供应商与某材料生产厂签订了一份买卖合同，约定 5 月 30 日供应商付给材料生产厂 100 万元预付款，6 月 30 日由生产厂向供应商交付材料 1 000 吨，余款将在一个月内支付。但是到了 5 月 30 日，材料供应商发现材料生产厂已全面停产，经营状况严重恶化。此时供应商可以行使(　　)，以维护自己的权益。

A. 同时履行抗辩权　　B. 先履行抗辩权

C. 不安抗辩权　　D. 预期违约抗辩权

57.《合同法》中规定的合同履行抗辩权，是指合同履行过程中当事人任何一方因对方的违约而(　　)的行为。

A. 解除合同　　B. 变更合同

C. 转让合同　　D. 中止履行合同义务

58. 甲和乙在合同中约定将乙的债务由丙来承担，合同实施后，丙没有履行债务，那么甲应(　　)。

A. 要求乙承担违约责任
B. 要求丙承担违约责任
C. 要求乙和丙承担连带责任
D. 要求乙和丙各承担一半责任

59. 乙欠甲 10 万元，丙欠乙 20 万元，且都刚过支付期限。现甲急需钱投资经营，但是乙又不尽力催讨丙的债务，甲无奈之下向法院申请代位权，那么甲可以向丙讨要(　　)万元债务。

A. 10　B. 15　C. 20　D. 30

60. 在不违反民事诉讼法对级别管辖和专属管辖规定的情况下，合同双方当事人可在书面合同中协议选择的人民法院不包括(　　)。

A. 合同履行地
B. 合同纠纷发生地
C. 合同签订地
D. 标的物所在地

二、多项选择题(每题 2 分。每题的备选答案中，有 2 个或 2 个以上符合题意，至少有一个错误选项。错选，本题不得分，少选，所选的每个选项得 0.5 分)

1. 自然资源与环境保护法是关于保护环境和自然资源、防治污染和其他公害的法律。下列选项中，属于自然资源与环境保护法范畴的是(　　)。

A. 消防法
B. 环境影响评价法
C. 节约能源法
D. 土地管理法
E. 安全生产法

2. 甲建筑设备生产企业将乙施工单位订购的价值 10 万元的某设备错发给了丙施工单位，几天后，甲索回该设备并交付给乙，乙因丙曾使用过该设备造成部分磨损而要求甲减少价款 1 万元。下列关于本案中债的性质的说法，正确的有(　　)。

A. 甲错发设备给丙属于无因管理之债
B. 丙向甲返还设备属于不当得利之债
C. 乙向甲支付设备款属于合同之债
D. 甲向乙少收 1 万元货款属于侵权之债
E. 丙擅自使用该设备对乙应承担侵权之债

3. 下列建筑工程，不需要申请领取施工许可证的是(　　)。

A. 部队营房
B. 城市大型立交桥
C. 为抢险救灾修建的道路
D. 施工单位搭建的工地宿舍
E. 已按规定批准开工报告的建筑工程

4. 若发包单位违反建筑法规定，将建筑工程肢解发包，应当承担的法律责任包括(　　)。

A. 有违法所得的，予以没收
B. 责令改正
C. 吊销资质证书
D. 处以罚款
E. 责令停业整顿

5.《建设工程勘察设计管理条例》第 16 条规定，有些建设工程的勘察、设计，经有关主管部门批准，可以直接发包。可以不进行招标的勘查、设计项目主要包括(　　)等。

A. 勘察、设计、监理等服务的采购，单项合同估算价在 50 万元人民币以上的
B. 采用特定的专利或者专有技术的
C. 建筑艺术造型有特殊要求的

D. 国务院规定的其他建设工程的勘察、设计

E. 使用国际组织或者外国政府贷款、援助资金的项目

6. 甲、乙签订水泥订购合同，甲委托丙送货，并订立运输合同。丙送货途中，遭遇泥石流导致延迟送货，水泥受到部分损失。于是乙方以逾期交货和货物不符合约定为由拒收货物、拒付货款。丙多次与乙交涉未果，发现水泥受潮部分扩大，就将水泥作价卖给另一个厂家。则下列表述中正确的有（　　）。

A. 水泥价值减少的损失由甲承担

B. 水泥价值减少的损失由乙承担

C. 水泥价值减少的损失由丙承担

D. 丙为处理水泥发生的费用可以要求甲支付

E. 丙为处理水泥发生的费用可以要求乙支付

7.《工程建设项目施工招标投标办法》中规定，联合体参加资格预审并获通过的，下列（　　）情况下，招标人有权拒绝该投标联合体。

A. 联合体更改了一个成员，该成员虽然未经过资格预审，但其资质比替换下去的成员高

B. 在提交投标文件截止日期之后又增加一个成员，但该联合体马上通知了招标单位

C. 在投标有效期内有一个联合体成员因故退出投标

D. 联合体成员发生变动，经招标单位同意由另一个资质较低的成员代替了一个资质较高的成员

E. 在投标截止日期之前，一个资质较低的成员因故退出投标

8.《招标投标法》第 19 条规定：招标人应当根据招标项目的特点和需要编制招标文件。招标文件应当包括（　　）等所有实质性要求和条件以及拟签订合同的主要条款。

A. 招标项目的技术要求

B. 招标代理的条件

C. 投标人资格审查标准

D. 评标标准

E. 投标报价要求

9. 我国《安全生产法》规定，安全生产中从业人员的权利有（　　）。

A. 知情权

B. 建议权

C. 危险报告权

D. 紧急避险权

E. 控告权

10. 我国《安全生产法》规定，生产经营单位（　　），责令限期改正。

A. 未在生产经营场所设有符合紧急疏散需要、标志明显、保持畅通出口的

B. 未在员工宿舍设有符合紧急疏散需要、标志明显、保持畅通出口的

C. 仓库与员工宿舍在同一座建筑内，造成严重后果的

D. 封闭、堵塞生产经营场所的

E. 封闭、堵塞员工宿舍的

11. 施工单位采购、租赁的安全防护用具、机械设备、施工机具及配件，应当具有（　　），并在进入施工现场前进行查验。

A. 生产（制造）许可证

B. 生产合格证

C. 准入许可证

D. 产品合格证

E. 产品许可证

12. 下列说法正确的是(　　)。

A. 建设单位可以将拆除工程发包给任一施工单位

B. 施工单位主要负责人依法对本单位的安全生产工作全面负责

C. 施工单位可以在资质等级许可的范围外承揽工程

D. 工程监理单位和监理工程师应当对建设工程安全生产承担监理责任

E. 总承包单位对分包工程的安全生产不承担连带责任

13. 某监理公司在其承担的一项监理工程中出现了下述行为,其中,该监理公司必须承担相应的法律责任的有(　　)。

A. 该工程超越了本公司资质等级

B. 与施工单位串通,弄虚作假、降低工程质量

C. 将不合格的建设工程、建筑材料、建筑构配件和设备按照合格签字

D. 未对建筑材料、建筑构配件、设备和商品混凝土进行检验

E. 对不合格的建设工程按照合格工程验收

14. 某省的体育馆项目竣工验收应当具备的条件有(　　)。

A. 完成工程设计和合同约定的各项内容

B. 监理单位对工程进行了质量评价,具有完整的监理资料,并提出工程质量评价报告

C. 有建设行政主管部门对工程质量监督情况的认可

D. 有完整的技术档案和施工管理资料

E. 有施工单位签署的工程质量保修书

15. 依据《固体废物污染环境防治法》,下列对固体废物污染防治的做法中,正确的是(　　)。

A. 运输固体废物时,采取了防扬散、防流失、防渗漏等防止污染的措施

B. 在国家级风景名胜区,严格限制建设工业固体废物处置设施

C. 禁止中国境外的固体废物进境倾倒、堆放、处置

D. 限制进口可以用作原料的固体废物

E. 施工单位及时清运、处置建筑施工过程中产生的垃圾,并采取措施防止污染环境

16. 根据《劳动法》,有下列(　　)情形之一的,劳动者可以随时通知用人单位解除劳动合同。

A. 在试用期内

B. 用人单位用暴力手段强迫劳动

C. 用人单位用威胁手段强迫劳动

D. 用人单位没有应劳动者的要求给予加薪

E. 用人单位未按劳动合同约定支付劳动报酬

17. 下列选项中,符合《劳动法》对未成年工特殊保护规定的是(　　)。

A. 不得安排未成年工从事矿山井下劳动

B. 不得安排未成年工从事有毒有害劳动

C. 不得安排未成年工从事国家规定的第四级体力劳动强度的劳动

D. 不得安排未成年工从事任何强度的劳动

E. 用人单位应当对未成年工定期进行健康检查

18. 根据《重大建设项目档案验收办法》的规定,项目档案验收组可以采用(　　)的方式,对项目档案进行检查。

A. 问卷调查 B. 随机走访

C. 质询 D. 现场查验

E. 抽查案卷

19. 下列情形正确的是( )。

A. 纳税人、扣缴义务人应按照法律、行政法规规定或者税务机关依照法律、行政法规的规定确定的期限,缴纳或者解缴税款

B. 王某拖欠税款,2006 年 7 月出国留学并未提供担保,税务机关通知出境管理机关阻止其出境

C. 扣缴义务人已将纳税人应缴的税款代扣、代收,但没有按时缴入国库

D. 王某拖欠税款数额较大,未能出国留学,这时其准备将其名下的房产一处卖掉,朋友提醒在处理房产之前,应当向税务机关报告

E. 县政府扶持某工厂,决定对该企业免征三年企业所得税

20. 要约,在商业活动中又被称为( )。

A. 报价 B. 发盘

C. 发价 D. 出盘

E. 承诺

考试模拟试题六

一、单项选择题(每题1分,每题的备选答案中,只有1个是最符合题意的)

1. 取得建造师执业资格证书的人员,以建造师名义执业的前提是按规定(　　)。

A. 备案　　B. 注册　　C. 审批　　D. 认证

2. 企业法人是指以从事生产、流通、科技等活动为内容,以获取利润和增加积累、创造社会财富为目的的盈利性的社会(　　)。

A. 政治组织　　B. 经济组织　　C. 民间组织　　D. 学术组织

3. 民事权利主体因其他主体的行为而使民事权利不能实现时,有权要求(　　)加以保护并予以制裁。

A. 国家机关　　B. 公安局　　C. 国家行政机关　　D. 人民警察

4. 法律事实即民事法律关系产生、变更和终止的(　　)。

A. 目的　　B. 原因　　C. 结果　　D. 过程

5. 民事法律行为,是指公民或者法人设立、变更、终止民事权利和民事义务的合法行为,下列属于民事法律行为的是(　　)。

A. 某施工企业被迫与工程所在地的一家劳务公司订立一份高于市场价的砂子运输合同

B. 某施工单位委托一工程咨询公司负责项目的索赔服务

C. 为了谋取中标,某施工单位与一开发企业订立一份合作开发合同

D. 某分包单位在未征得总包单位同意的情况下,将工程再次分包

6. 在我国习惯上称之为"致人损害之债",指的是因(　　)而产生的债。

A. 侵权行为　　B. 不当得利　　C. 无因管理　　D. 诈骗行为

7. 债因一定的法律事实的出现而使既存的债权债务关系在(　　)上不复存在,叫做债的消灭。

A. 主观　　B. 客观　　C. 理论　　D. 法律

8. 有著作权侵权行为的,应当根据具体情况承担停止侵害、消除影响、赔礼道歉、赔偿损失等民事责任;对于损害公共利益或情节严重的侵权行为,可以由(　　)依法追究其行政责任;构成犯罪的,依法追究刑事责任。

A. 知识产权保护组织　　B. 国家出版局

C. 政府相关管理部门　　D. 著作权行政管理部门

9. 根据《建筑法》,下列不属于领取施工许可证的条件是(　　)。

A. 建设资金已经落实　　B. 有保证工程质量和安全的具体措施

C. 已经确定施工企业　　D. 拆迁工作已经完成

10. 领取施工许可证后,因故不能按期开工的,应当向发证机关申请延期;延期以两次为限每次不超过(　　)月。

A. 一个　　B. 两个　　C. 三个　　D. 四个

11. 联合共同承包的各方对承包合同的履行承担(　　)责任。

A. 各自　　B. 独自　　C. 共同　　D. 连带

12. 按照建筑业企业资质管理的有关规定，我国建筑业企业资质分为(　　)、专业承包和劳务分包三个序列。

A. 工程总承包　　B. 综合总承包

C. 施工总承包　　D. 项目总承包

13. 实施建筑工程监理前，建设单位应当将委托的工程监理单位、监理的内容及监理(　　)，书面通知被监理的建筑施工企业。

A. 条件　　B. 权限　　C. 性质　　D. 范围

14. 招标投标活动的(　　)原则，要求招标人和评标委员会严格按照规定的条件和程序办事，平等地对待每一个投标竞争者，不得对不同的投标竞争者采用不同的标准。

A. 公开　　B. 公平　　C. 公正　　D. 诚实信用

15. 由于招标投标的活动是处于订立合同的过程中，按照《中华人民共和国合同法》的规定，如果一方在订立合同的过程中违背了诚实信用的原则并给对方造成了实际的损失，责任方将承担(　　)责任。

A. 违约　　B. 缔约过失　　C. 法律　　D. 民事

16. (　　)对招标项目的技术、标准有规定的，招标人应当按照其规定在招标文件中提出相应要求。

A. 国家　　B. 国务院　　C. 建设部　　D. 政府

17.《工程建设项目施工招标投标办法》第 15 条规定:"对招标文件或者资格预审文件的收费应当合理，不得以营利为目的。对于所附的设计文件，招标人可以向投标人酌收(　　)"。

A. 押金　　B. 成本费　　C. 手续费　　D. 租金

18. 必须进行招标的项目而不招标的，将必须进行招标的项目化整为零或者以其他任何方式规避招标的，责令限期改正，可以处项目合同金额(　　)的罚款。

A. 3‰以上 5‰以下　　B. 10‰以上 15‰以下

C. 5‰以上 10‰以下　　D. 15‰以上 20‰以下

19. 关于投标文件的补充、修改与撤回，下列说法正确的是(　　)。

A. 对投标文件的补充、修改与撤回，应该在投标截止日期之前进行

B. 对投标文件的补充、修改与撤回，应该在投标有效期之前进行

C. 在投标有效期内进行的补充、修改的内容作为投标文件的组成部分

D. 在投标截止日期前，投标人可以打电话通知招标人撤回投标文件

20. 不符合我国招标投标法关于联合体各方资格的规定是(　　)。

A. 联合体各方均应当具备承担招标项目必备的相应能力

B. 招标文件对投标人资格条件有特殊要求的，联合体各方均应当具备规定的相应资格条件

C. 由同一专业的单位组成的联合体，按照资质等级较低的单位确定联合体的资质等级

D. 由同一专业的单位组成的联合体，按照资质等级较高的单位确定联合体的资质等级

21. 在关于投标的禁止性规定中，投标者之间进行内部竞价，内定中标人，然后再参加投标属于(　　)。

A. 投标人相互串通投标　　B. 投标人与招标人串通投标

C. 投标人以行贿的手段谋取中标　　D. 投标人以其他方式弄虚作假，骗取中标

22. 评标委员会成员名单在中标结果确定前应当(　　)。

A. 公开　　B. 公示　　C. 保密　　D. 保留

23. 投标文件中的大写金额和小写金额不一致的，应(　　)。

A. 以小写金额为准　　B. 以大写金额为准

C. 由投标人确认　　D. 由招标人确认

24. 根据我国招标投标法的有关规定，中标通知书发出后，招标人改变中标结果的，或者中标人放弃中标项目的，应当依法承担(　　)。

A. 民事责任　　B. 法律责任　　C. 刑事责任　　D. 行政责任

25. 某机场建设候机大厅，招标方未按规定进行招标，直接与投标人就投标价格、投标方案进行协商。对于招标方的行为，应当(　　)。

A. 给予行政处罚　　B. 给予警告并对直接负责人员依法处分

C. 吊销投标人的投标资格　　D. 吊销投标人的资质证书

26. 建筑施工单位的主要负责人和安全生产管理人员，应当由(　　)对其安全生产知识和管理能力考核合格后方可任职。

A. 县级以上人民政府　　B. 有关主管部门

C. 行业协会　　D. 建设行政主管部门

27. 生产经营单位采用新工艺、新技术、新材料或者使用新设备，必须了解、掌握其安全技术特性，采取有效安全防护的措施，并对从业人员进行(　　)安全生产教育和培训。

A. 必要的　　B. 有效的　　C. 正规的　　D. 专门的

28. 某生产经营单位按照《安全生产法》的有关规定，只配备了兼职安全生产管理人员，则该单位从业人数上限是(　　)。

A. 100 人　　B. 200 人　　C. 300 人　　D. 500 人

29. 发生生产安全事故后，(　　)单位应当采取措施防止事故扩大，保护事故现场。

A. 建设　　B. 施工　　C. 监理　　D. 有关

30. 伤亡事故处理工作应当在(　　)日内结案，特殊情况不得不超过(　　)日。

A. 60；90　　B. 60；120　　C. 90；180　　D. 100；200

31. 通过检查可以发现问题，查出隐患，从而采取有效措施，堵塞漏洞，把事故消灭在发生之前，做到防患于未然，是(　　)的具体体现。

A. “安全第一”　　B. “预防为主”　　C. “预防第一”　　D. “安全为主”

32. 工程监理单位在实施监理过程中，发现存在安全事故隐患，施工单位拒不整改或者不停止施工的，应当(　　)。

A. 要求施工单位整改

B. 要求施工单位暂时停止施工

C. 要求施工单位暂时停止施工，并及时报告建设单位

D. 及时向有关主管部门报告

33.《建设工程安全生产管理条例》规定，(　　)应当为施工现场从事危险作业的人员办理

意外伤害保险。

A. 设计单位　　B. 建设单位　　C. 施工单位　　D. 监理单位

34. 施工起重机械和整体提升脚手架、模板等自升式架设设施的使用达到国家规定的检验检测期限的必须经具有(　　)的检验检测机构检测。

A. 权威　　B. 法定　　C. 专业资质　　D. 技术能力

35. 某建筑施工企业安全生产许可证遗失，其应(　　)。

A. 在媒体上声明作废后，即可申请补办

B. 向原发证机关申请注销

C. 直接向原发证机关申请补办

D. 向原发证机关报告，并在媒体上声明作废后，申请补办

36. 民事诉讼是解决建设工程纠纷的重要方式。其中民事诉讼的参与人不包括(　　)。

A. 证人　　B. 第三人　　C. 审判长　　D. 鉴定人

37. 我国的建设工程质量监督管理制度不具备的特点是(　　)。

A. 权威性　　B. 强制性　　C. 综合性　　D. 微观性

38. 施工单位必须按照工程设计图纸和施工技术标准施工；不得擅自修改(　　)，不得偷工减料。

A. 施工方案　　B. 工程设计　　C. 施工工期　　D. 使用功能

39. 根据《建设工程质量管理条例》关于质量保修制度的规定，在设计文件规定的该工程的合理使用年限内均应由承包人负责保修的工程不包括(　　)。

A. 基础设施工程　　B. 重点工程

C. 房屋建筑的地基基础工程　　D. 主体结构工程

40. 承包单位将承包的工程转包或者违法分包的，责令改正，没收违法所得，对施工单位处工程合同价款(　　)的罚款；可以责令停业整顿，降低资质等级；情节严重的，吊销资质证书。

A. 0.1％～0.5％　　B. 0.5％～1％

C. 1％～5％　　D. 5％～8％

41. 在建设工程项目的整个建设过程中，严格执行工程建设强制性标准，确保工程项目的安全和质量，(　　)单位作为责任主体，负责对工程建设各个环节的综合管理工作。

A. 施工　　B. 建设　　C. 监理　　D. 监督

42. 根据《消防法》，在设有车间的建筑物内，不得设置员工集体宿舍。对已经设置且确有困难不能立即加以解决的，应当采取必要的消防安全措施，经(　　)批准后，可以在限期内继续使用。

A. 县级以上人民政府　　B. 公安消防机构

C. 武警消防机构　　D. 建设行政主管部门

43. 劳动合同应当采用(　　)订立。

A. 书面形式　　B. 口头形式

C. 公正形式　　D. 格式条款

44. 从事建筑工程活动的企业或单位，应当向(　　)管理部门申请设立登记，并由建设行政主管部门审批后，颁发资格证书。

A. 建设行政　　B. 工商行政　　C. 资质审查　　D. 资格审批

45. 违约行为是构成违约责任要件中的(　　)。

A. 消极要件　　B. 积极要件　　C. 主要条件　　D. 必然要件

46. 注册建造师、注册结构工程师、注册监理工程师等注册执业人员因过错造成质量事故的责令停止执业 1 年；造成重大质量事故的，吊销执业资格证书，(　　)以内不予注册，情节特别恶劣的终身不予注册。

A. 2 年　　B. 3 年　　C. 4 年　　D. 5 年

47. 工程法律责任的一般构成要件之间互为联系、互为作用，缺一不可，它们由损害事实发生、存在违法行为、违法行为与损害事实之间有因果关系和(　　)四个条件构成。

A. 违法者主观上故意　　B. 违法者主观上疏忽大意
C. 违法者主观上有过失　　D. 违法者主观上有过错

48. 建筑工程一切险的保险自(　　)开始生效。

A. 工程开工之日或工程用料卸放于工地之日
B. 工程开工之后工程用料卸放于工地之日
C. 工程开工之日的次日或工程用料卸放于工地之日
D. 开工许可证颁发之日

49. 下列合同中，属于无效合同的是(　　)。

A. 条款有矛盾的合同　　B. 合同权利义务明显不公平的合同
C. 损害社会公共利益的合同　　D. 条款有空缺的合同

50. 某公司授权其采购员去采购甲公司的某产品 100 件，采购员拿着公司的空白书与甲公司订立了购买 200 件某产品的合同，由此发生纠纷后，应当(　　)。

A. 要求某公司支付 200 件产品的货款
B. 某公司可以向 A 公司无偿退货
C. 由甲公司交付 100 件产品，某公司支付相应的货款
D. 由甲公司交付 200 件产品，某公司支付相应的货款

51. 需要进行试生产的建设项目，建设单位应当自建设项目投入试生产之日起(　　)内，向审批环境影响评价文件的环境保护行政主管部门申请该建设项目需要配套建设的环境保护设施竣工验收。

A. 15 日　　B. 1 个月　　C. 3 个月　　D. 6 个月

52.《合同法》条 113 条规定："当事人一方不履行合同义务或者履行合同义务不符合约定，给对方造成损失的，损失赔偿额应当(　　)因违约造成的损失，包括合同履行后可以获得的利益，但不得超过违反合同一方订立合同时预见到或者应当预见到的因违反合同可能造成的损失。"

A. 相当于　　B. 略低于　　C. 略高于　　D. 双倍于

53. 合同转让中，"权利转让协议"的双方当事人是(　　)。

A. 债权人与债务人　　B. 债权人、债务人双方与第三人
C. 债权人与第三人　　D. 债务人与第三人

54. 合同的成立意味着(　　)。

A. 合同具有法律效力　　B. 当事人对合同内容达成一致
C. 合同符合法律规定　　D. 合同受到法律保护

55. (　　)是指工程合同发生争议后，根据双方当事人的申请，在有关行政主管部门主持下，双方自愿达成协议的解决合同争议的方式。

A. 人民(民间)调解　　B. 行政调解
C. 第三人调解　　D. 法院调解或仲裁调解

56. 下列选项中，不属于施工合同工程款纠纷成因的是(　　)。
A. 没有签订监理合同　　B. 工程款拖欠
C. 合同缺陷　　D. 施工合同调价与索赔条款的重合

57. 开庭审理的法定程序为(　　)。
A. 宣布开庭、法庭调查、法庭辩论、评议审判
B. 宣布开庭、法庭辩论、法庭调查、评议审判
C. 宣布开庭、法庭辩论、评议审判、法庭调查
D. 法庭调查、宣布开庭、法庭辩论、评议审判

58. 解决因不可抗力影响而导致的施工合同纠纷的防范措施是(　　)。
A. 避免、减少和控制不可抗力的不利影响
B. 施工现场应具备通水、电、气等施工条件
C. 加强工程变更管理
D. 加强外部关系的协调和处理

59. 下列表述中，(　　)不属于要约必须具备的条件。
A. 要约必须是特定人所为的意思表示
B. 要约必须向第三人发出
C. 要约的内容应当具体确定
D. 要约必须具有缔约目的

60. 担保的产生源于(　　)对债务人的不信任。
A. 当事人　　B. 保证人　　C. 债权人　　D. 被担保人

二、多项选择题(每题 2 分。每题的备选答案中，有 2 个或 2 个以上符合题意，至少有一个错误选项。错选，本题不得分，少选，所选的每个选项得 0.5 分)

1. 申请建造师初始注册的人员应当具备的条件是(　　)。
A. 经考核认定或考试合格取得执业资格证书
B. 受聘于一个相关单位
C. 填写注册建造师初始注册申请表
D. 达到继续教育的要求
E. 没有明确规定的不予注册的情形

2. 法人与自然人相对，它是具有民事权利能力和民事行为能力，依法独立享有民事权利和承担民事义务的组织。法人的存在必须具备(　　)条件。
A. 依法成立　　B. 有必要的财产或者经费
C. 有自己的名称、组织机构和场所　　D. 能够独立承担民事责任
E. 有自己的经营渠道

3. 若发包单位违反建筑法规定，将建筑工程肢解发包，应当承担的法律责任包括(　　)。
A. 有违法所得的，予以没收　　B. 责令改正
C. 吊销资质证书　　D. 处以罚款
E. 责令停业整顿

4. 根据《工程监理企业资质管理规定》，规定工程监理企业应当按照其拥有的（　　）等资质条件申请资质，经审查合格，取得相应等级的资质证书后，方可在其资质等级许可的范围内从事工程监理活动。

A. 注册资本　　B. 固定资产

C. 办公设备　　D. 专业技术人员

E. 工程监理业绩

5.《招标投标法》第 5 条规定招标投标活动应当遵循的原则是（　　）。

A. 公开　　B. 合法

C. 公平　　D. 公正

E. 诚实信用

6. 投标文件的送达是整个招标投标活动中一项重要的法律行为，与投标人的利益密切相关。投标人在送达投标文件时应注意以下事项，下面所列正确的是（　　）。

A. 投标截止日期前送达投标文件　　B. 最好是在截止日期前一天

C. 要求招标人签收投标文件　　D. 送达文件必须两人以上

E. 投标文件的补充、修改和撤回

7.《房屋建筑和市政基础设施工程施工招标投标管理办法》中规定的无效投标文件包括（　　）。

A. 投标文件未按照招标文件的要求予以密封的

B. 投标文件的关键内容字迹潦草，但可以辨认的

C. 投标人未提供投标保函或者投标保证金的

D. 投标文件中的投标函盖有投标人的企业印章，未盖企业法定代表人印章的

E. 投标文件中的投标函盖有投标人的企业印章和企业法定代表人委托人印章的

8. 我国根据建设项目对环境的影响程度，对建设项目的环境影响评价实行分类管理，建设单位应当依法组织编制相应的环境影响评价文件，其中表述正确的有（　　）。

A. 可能造成重大环境影响的，应当编制环境影响报告书

B. 可能造成重大环境影响的，应当编制环境影响报告表

C. 可能造成轻度环境影响的，应当编制环境影响报告表

D. 可能造成轻度环境影响的，应当编制环境影响报告书

E. 对环境影响很小、不需要进行环境影响评价的，应当填报环境影响登记表

9. 我国《安全生产法》规定，从业人员安全生产中的义务包括（　　）义务。

A. 自律遵规　　B. 检举

C. 自觉学习安全生产知识　　D. 危险报告

E. 批评

10. 下列行为中，构成重大责任事故罪的有（　　）。

A. 某安全生产管理人员，误以为不挂隔离网也能够避免建筑杂物从高空脱落，结果造成 3 人死亡

B. 某包工头，强迫工人夜间施工，结果造成重大伤亡

C. 刚从技校毕业但并未获得驾驶执照的某人，在工地开吊车，结果操作失误，砸死 4 个儿童

D. 某施工人员，明知楼下有工人干活，仍然从楼上扔下建筑杂物，造成一人死亡，三人

重伤

E. 某矿井通风设备看护人，由于大意，忘记打开通风开关，结果造成井下瓦斯含量超标，并引发爆炸，致21人死亡

11. 根据工程建设标准的属性划分，可分为(　　)。

A. 技术标准　　B. 管理标准

C. 国家标准　　D. 工作标准

E. 推荐性标准

12. 建设工程未经竣工验收就被发包人擅自使用，发现以下问题后，可以要求承包人承担民事责任的是(　　)。

A. 内墙皮脱落　　B. 地面墙瓷砖空鼓

C. 横梁裂缝超过规范规定　　D. 地基不均匀沉降导致墙体裂缝

E. 自来水管爆裂

13. 对违约行为的认定，下列说法正确的是(　　)。

A. 违约行为的主体是合同当事人

B. 违约行为是一种客观的违反合同的行为

C. 违约行为侵害的客体是合同对方的债权

D. 违约行为是侵权行为的特殊表现形式

E. 违约行为是当事人一方不履行合同义务或者履行合同义务不符合约定条件的行为

14. 建筑工程一切险承保的内容有(　　)。

A. 工程本身　　B. 施工用设施和设备

C. 安装费　　D. 施工机具

E. 场地清理费

15. 甲不当处理易燃易爆危险物品；乙在具有爆炸危险的场所吸烟；丙擅自挪用消防设施；丁单位有重大火灾隐患，经公安消防机构通知逾期不改正的；戊阻拦报火警。以上行为可能受到拘留处罚的是(　　)。

A. 甲　　B. 乙　　C. 丙　　D. 丁　　E. 戊

16. 甲、乙签订一份总价为10万元的钢材买卖合同，约定如果一方违约则向对方支付2万元的违约金，同时甲按约定支付给乙定金2 000元，后因乙未履行合同，造成甲损失5 000元。则下列说法中正确的有(　　)。

A. 违约金条款与定金条款不能重复计算

B. 乙公司向甲偿还损失5 000元，并退还定金2 000元

C. 乙公司支付2万元的违约金，外加损失赔偿5 000元

D. 乙公司支付2万元的违约金，并退还定金2 000元

E. 乙公司可向法院请求适当减少违约金，再予以支付

17. 下列表述中，属于合同权利义务终止情形的是(　　)。

A. 合同被解除　　B. 债务人依法将标的物提存

C. 债权债务归于一人　　D. 合同权利义务发生转移

E. 原合同内容发生变化

18. 建设单位安全责任包括(　　)。

A. 向施工单位提供资料

B. 审查施工组织设计中的安全技术措施

C. 不得向有关单位提出不符合安全生产的法律、法规和强制性标准规定的违法要求

D. 在施工现场设置明显的安全警示标志

E. 将拆除工程发包给具有相应资质的施工单位

19. 下列关于要约撤销的表述中，正确的是（　　）。

A. 要约生效之前，要约人可以撤销要约

B. 要约生效之后，要约人可以撤销要约

C. 在不损害受要约人的前提下，要约人可以撤销要约

D. 撤销要约的通知应当在要约生效之前到达受要约人

E. 撤销要约的通知应当在受要约人发出承诺通知之前到达受要约人

20. 同一财产向两个以上债权人抵押的，拍卖、变卖抵押物所得的价款按照以下规定清偿（　　）。

A. 抵押合同已登记生效的，按照抵押物登记的先后顺序清偿

B. 抵押合同已登记生效的，顺序相同的按照各占50%清偿

C. 抵押合同自签订之日生效的，该抵押物已登记的，按照抵押物登记的先后顺序清偿

D. 抵押合同自签订之日生效的，未登记的，按照合同生效时间的先后顺序清偿

E. 抵押合同自签订之日生效的，顺序相同的，按照各占50%清偿

考试模拟试题七

一、单项选择题(每题1分,每题的备选答案中,只有1个是最符合题意的)

1. 因执业活动受到刑事处罚的人员,处罚完毕满(　　)年才能申请建造师注册。

A. 2　　B. 3　　C. 4　　D. 5

2. 法律关系是指由法律规范调整一定社会关系而形成的(　　)关系。

A. 合同　　B. 权利与义务　　C. 契约　　D. 协议

3. 不当得利,是指没有法律或合同根据,有损于他人而获得的利益。下列情况能发生不当得利的是(　　)。

A. 施工单位向工人支付工资　　B. 施工单位为工人办理工伤社会保险

C. 施工单位为工人发放降温费　　D. 施工单位计算错误多给张某付三天工钱

4. 法律关系客体变更是指客体(　　)变更。

A. 性质　　B. 范围

C. 性质与范围同时　　D. 性质、范围之一或同时

5. 国家制定、颁布工程建设法律、法规等行为属于(　　)。

A. 行政行为　　B. 立法行为

C. 司法行为　　D. 组织行为

6. 代理是代理人在代理权限内,以被代理人的名义实施民事法律行为。(　　)的代理行为承担民事责任。

A. 代理人对被代理人　　B. 被代理人对代理人

C. 代理人对自己　　D. 被代理人对自己

7. 指定代理,是指根据(　　)而产生的代理。

A. 被代理人的指定　　B. 法律的直接规定

C. 主管机关或人民法院的指定　　D. 主管机关和人民法院的指定

8. 在债的发生根据中,(　　)是指没有法律或合同根据,有损于他人而取得的利益。

A. 合同　　B. 侵权行为　　C. 不当得利　　D. 无因管理

9. 某在建的综合市场工程因故于2006年6月5日中止施工,根据《建筑法》的规定,建设单位应当在(　　)前,向施工许可证发证机关报告,并按照规定做好建筑工程的维护管理工作。

A. 2006年6月19日　　B. 2006年7月5日

C. 2006年9月5日　　D. 2006年12月5日

10. 建筑工程在施工过程中,建设单位或者施工单位发生变更的,应当(　　)施工许可证。

A. 申请变更　　B. 重新申请领取

C. 申请核定　　D. 继续使用

11. 实行施工总承包的,建筑工程(　　)的施工必须由总承包单位自行完成。

A. 基础工程　　B. 主体工程
C. 装饰工程　　D. 安装工程

12. 按照有关规定,我国工程设计单位的资质分为(　　)。

A. 工程设计综合资质、工程设计行业资质、工程设计专项资质
B. 工程设计综合资质、工程设计行业资质、工程设计专业资质
C. 工程设计综合资质、工程设计专业资质、工程设计劳务资质
D. 工程设计行业资质、工程设计专项资质、工程设计劳务资质

13. 除了"三控制、两管理、一协调"外,(　　)也是监理工作的重要工作内容。

A. 材料管理　　B. 机械设备管理
C. 安全管理　　D. 人力资源管理

14.《中华人民共和国招标投标法》规定:招标投标活动应当遵循公开、公平、公正和诚实信用的原则。这些原则是招标投标活动的(　　)准则。

A. 基本　　B. 一般　　C. 主要　　D. 重要

15. 诚实信用是民事活动的一项基本原则,招标、投标活动是以(　　)为目的的民事活动,当然也适用这一原则。

A. 承揽工程任务　　B. 签订承包合同
C. 确定中标企业　　D. 订立采购合同

16.《工程建设项目招标范围和规模标准规定》中规定勘察、设计、监理等服务的采购,单项合同估算价在(　　)万元人民币以上的,必须进行招标。

A. 20　　B. 100　　C. 150　　D. 50

17. 计划招标的项目在招标之前需要进行招标(　　)。

A. 审查　　B. 批准　　C. 备案　　D. 申请

18. 在资格预审合格的投标、申请人过多时,可以由招标人从中选择不少于(　　)资格预审合格的投标申请人。

A. 4 家　　B. 5 家　　C. 6 家　　D. 7 家

19. 投标人是响应招标、参加投标竞争的(　　)或者其他组织。

A. 个人　　B. 自然人　　C. 公民　　D. 法人

20. 投标保证金一般不得超过投标总价的 2‰,但最高不得超过 80 万人民币。投标保证金有效期应当超出投标有效期(　　)。

A. 10 天　　B. 20 天　　C. 30 天　　D. 40 天

21. 通常情况下,评标委员会推荐的中标候选人人数可以是(　　)人。

A. 1～3　　B. 2～6　　C. 3～7　　D. 4～9

22. 我国招标投标法规定,开标时间应为(　　)。

A. 提交投标文件截止时间　　B. 提交投标文件截止时间的次日
C. 提交投标文件截止时间的 7 日后　　D. 其他约定时间

23.《房屋建筑和市政基础设施工程施工招标投标管理办法》关于开标时应作为无效投标文件处理的几种情形的规定,是对《招标投标法》的(　　)。

A. 司法解释　　B. 重要更改
C. 权威解释　　D. 必要补充

24. 我国《招标投标法》规定,招标人和中标人应当自中标通知书发出之日起(　　)日内,

按照招标文件和中标人的投标文件订立书面合同。

A. 15　　B. 30　　C. 45　　D. 60

25. 评标报告由评标委员会全体成员(　　)。

A. 审核　　B. 表决　　C. 签字　　D. 确认

26.《安全生产法》规定:"在中华人民共和国(　　)从事生产经营活动的单位的安全生产,适用本法。"

A. 国土上　　B. 范围内　　C. 领域内　　D. 国界内

27. 特种作业人员的范围由(　　)负责安全生产监督管理的部门会同国务院有关部门确定。

A. 国家　　B. 国务院　　C. 建设部　　D. 各省级政府

28. 生产经营单位对重大危险源应当登记建档,进行定期检测、评估、监控,并制定应急预案,告知从业人员和相关人员在(　　)情况下应当采取的应急措施。

A. 危险　　B. 紧急　　C. 一般　　D. 特殊

29. (　　)以上地方各级人民政府应当组织有关部门制定本行政区域内特大生产安全事故应急救援预案,建立应急救援体系。

A. 乡级　　B. 县级　　C. 市级　　D. 省级

30. 事故调查组在查明事故情况以后,如果对事故的分析和事故责任者的处理不能取得一致的意见,劳动管理部门有权提出结论性意见;如仍有不同意见,应当报上级劳动管理部门或者有关部门处理;仍不能达成一致意见的,报(　　)裁决,但不得超过事故处理工作时限。

A. 同级人民政府　　B. 上级人民政府

C. 市级仲裁机构　　D. 中级人民法院

31. 在建筑生产中最基本的安全生产管理制度是(　　)。

A. 安全生产责任制度　　B. 安全生产检查制度

C. 安全生产教育制度　　D. 安全生产培训制度

32.《建设工程安全生产管理条例》第 11 条规定,建设单位应当将拆除工程发包给具有(　　)资质等级的施工单位。

A. 规定　　B. 相应　　C. 法定　　D. 安全

33. 根据《建设工程质量管理条例》,(　　)应按照国家有关规定组织竣工验收,建设工程验收合格的,方可交付使用。

A. 建设单位　　B. 施工单位

C. 工程监理单位　　D. 设计单位

34.《建设工程安全生产管理条例》第 29 条规定,施工单位应当将施工现场的(　　)分开设置,并保持安全距离。

A. 办公、生活区与作业区　　B. 办公区与生活、作业区

C. 生活区与办公、作业区　　D. 办公区与生活区、生活区与作业区

35. 施工单位应当对管理人员和作业人员每年至少进行一次安全生产教育培训,其教育培训情况记入个人(　　)档案。

A. 工资　　B. 技术　　C. 业务　　D. 工作

36. 根据《建设工程质量管理条例》,(　　)应按照国家有关规定组织竣工验收,建设工程验收合格的,方可交付使用。

A. 建设单位　　　　　　B. 施工单位

C. 工程监理单位　　　　　　D. 设计单位

37. 政府质量监督作为一项(　　),以法规的形式在《建设工程质量管理条例》中加以明确,强调了工程质量必须实行政府监督管理。

A. 法律　　B. 法规　　C. 条例　　D. 制度

38. 甲向某出版社乙去函,询问该出版社是否出版了有关建造师资格考试的教材和参考资料,乙立即向甲邮寄了建造师资格考试的资料两套,共380元,甲认为该书不符合其需要,拒绝接受,双方因此发生了争议。从本案来看(　　)。

A. 甲乙之间合同已经成立　　　　　　B. 甲乙之间合同未成立

C. 甲乙双方已经完成要约和承诺阶段　　　　　　D. 合同是否成立无法确定

39. 监理工程师应当按照(　　)的要求,采取旁站、巡视和平行检验等形式,对建设工程实施监理。

A. 工程监理规范　　　　　　B. 工程监理细则

C. 工程监理大纲　　　　　　D. 工程监理合同

40. 招标人以不合理的条件限制或者排斥潜在投标人的,对潜在投标人实行歧视待遇的,强制要求投标人组成联合体共同投标的,或者限制投标人之间竞争的,责令改正,可以处(　　)万元的罚款。

A. 1～5　　B. 2～5　　C. 3～5　　D. 5～10

41. 保障人体健康、人身财产安全的标准和法律、行政性法规规定强制性执行的国家和行业标准是(　　)标准。

A. 行业性　　B. 推荐性　　C. 国家性　　D. 强制性

42. 关于证据保全制度,说法正确的是(　　)。

A. 当事人申请保全证据的,应当提供相应的担保。

B. 仲裁委员会应当将当事人的证据保全申请提交当地基层人民法院

C. 人民法院进行证据保全,应当要求当事人或者诉讼代理人到场

D. 人民法院进行证据保全,可以采用查封、扣押、拍照等方法

43. 劳动合同应当采用(　　)订立。

A. 书面形式　　B. 口头形式　　C. 公正形式　　D. 格式条款

44. 从事建筑工程活动的企业或单位,由(　　)审批后,颁发资格证书。

A. 工商行政管理部门　　　　　　B. 建设行政主管部门

C. 县级以上人民政府　　　　　　D. 市级以上人民政府

45. 民事责任是指按照(　　)规定,民事主体违反民事义务时所应承担的法律责任。

A. 宪法　　B. 劳动法　　C. 合同法　　D. 民法

46. 某企业扩建厂房,未经公安消防机构验收即投入使用,未发生消防事故。后被查处,该企业采取积极态度配合公安消防机构检查处理。对该企业及有关人员的处理正确的是(　　)。

A. 责令停止施工　　　　　　B. 责令停产停业

C. 单处罚款　　　　　　D. 责令限期改正

47. 损害事实就是违法行为对法律所保护的(　　)关系和社会秩序造成的侵害。

A. 社会　　B. 经济　　C. 人际　　D. 民事

48. 保险人在承保某建筑工程的同时，还对该工程在保险期限内因发生意外事故造成的依法应由被保险人负责的（　　）人身伤亡、疾病或财产损失，以及被保险人因此而支付的诉讼费用和事先经保险人书面同意支付的其他费用，负赔偿责任。

A. 邻近地区一定关系人的　　B. 工地及邻近地区第三者的

C. 邻近地区第三者的　　D. 工地及邻近地区一定关系人的

49.《合同法》规定：依法成立的合同，一般从（　　）时生效。

A. 承诺　　B. 双方签字盖章　　C. 成立　　D. 双方约定

50. 一方以欺诈、胁迫手段订立的，损害国家利益的合同属于（　　）。

A. 可撤销合同　　B. 可变更合同

C. 效力待定合同　　D. 无效合同

51. 合同（　　）是指合同当事人双方根据合同条款的规定，实现各自享有的权利，并承担各自负有的义务。

A. 变更　　B. 修改　　C. 履行　　D. 终止

52. 执行政府定价或者政府指导价的，在合同约定的交付期限内政府价格调整时，按照（　　）执行。

A. 合同价格　　B. 新价格　　C. 原价格　　D. 交付时价格

53. 合同变更是指当事人依法经过协商，对合同的（　　）进行修改或调整。

A. 主体　　B. 内容　　C. 客体　　D. 对象

54. 合同转让是指合同的（　　）发生了变化。

A. 主体　　B. 客体　　C. 内容　　D. 对象

55. 施工合同纠纷，一般是指（　　）对施工合同条款的理解产生异议，而不承担相应的义务等原因而产生的纠纷。

A. 施工质量监督部门　　B. 总监理工程师

C. 施工合同当事人　　D. 工商行政部门负责人

56. 我国仲裁的一般程序为（　　）。

A. 组成仲裁庭、仲裁申请和受理、开庭和裁决

B. 组成仲裁庭、仲裁申请和受理、裁决和开庭

C. 仲裁申请和受理、组成仲裁庭、开庭和裁决

D. 仲裁受理和申请、组成仲裁庭、开庭和裁决

57. 受理一般是指人民法院对（　　）的起诉决定立案审理的诉讼行为。

A. 符合时间要求　　B. 符合法律条件

C. 双方当事人　　D. 合法当事人

58. 解决因发包方存在主体资格问题而引起的施工合同纠纷的防范措施是（　　）。

A. 加强对发包方主体资格的审查

B. 加强对承包方资质和相关人员资格的审查

C. 联合体承包应合法、规范、自愿

D. 加强对授权委托书和合同专用章的管理

59. 依《合同法》的规定，下列表述中属于债权债务概括转让必要条件的是（　　）。

A. 当事人一方告知对方　　B. 当事人一方经对方同意

C. 当事人一方为对方提供担保　　D. 当事人一方为对方支付违约金

60. 合同是指平等主体的自然人、法人、其他组织之间设立、变更、终止民事权利义务关系的( )。

A. 文书 B. 协议 C. 凭证 D. 证据

二、多项选择题(每题 2 分。每题的备选答案中,有 2 个或 2 个以上符合题意,至少有一个错误选项。错选,本题不得分,少选,所选的每个选项得 0.5 分)

1. 建造师张某辞去了原施工单位的工作,受聘于一家建设工程招标代理公司,他办理变更注册手续时应提交的材料是( )。

A. 注册建造师变更注册申请表
B. 注册证书和执业印章
C. 专业增项资格证明
D. 与新聘用单位签订的聘用合同
E. 与原单位解除聘用合同的证明

2. 债,因一定的法律事实的出现而使既存的债权债务关系在客观上不复存在,叫做债的消灭。引起债的消灭事实主要有( ),此外,债因免除而消灭,债因当事人死亡而解除等也是引起债的消灭的事实。

A. 债因履行而消灭
B. 债因抵消而消灭
C. 债因提存而消灭
D. 债因混同而消灭
E. 债因合同到期而消灭

3. 建设单位必须在建设工程立项批准后、工程发包前,向( )办理工程报建登记手续。

A. 建设行政主管部门
B. 建设行政主管部门授权的部门
C. 县级以上人民政府
D. 县级以上人民政府授权的部门
E. 建筑业协会

4. 根据《招标投标法》第 3 条,在中华人民共和国境内进行工程建设项目包括项目的勘察、设计、施工、监理以及与工程建设有关的重要设备、材料等的采购,必须进行招标的项目有( )。

A. 大型基础设施、公用事业等关系社会公共利益、公众安全的项目
B. 全部或者部分使用国有资金投资或者国家融资的项目
C. 使用国际组织或者外国政府贷款、援助资金的项目
D. 施工主要技术采用特定的专利或者专有技术的
E. 施工企业自建自用的工程,且该施工企业资质等级符合工程要求的

5. 发包人未按照约定支付价款的,承包人可以催告发包人在合理期限内支付价款,发包人逾期不支付,承包人可以( )。

A. 将工程直接拍卖
B. 与发包人协商将工程折价
C. 向人民法院申请将工程依法拍卖
D. 向仲裁机构申请将工程依法拍卖
E. 将工程直接占有

6. 投标人以行贿手段谋取中标的法律后果是( )。

A. 中标无效
B. 有关单位和责任人应当承担相应的行政责任或刑事责任
C. 吊销营业执照
D. 重新招标

7. 下列各项中,属于要约邀请的有( )。

A. 投标书
B. 招标公告
C. 拍卖公告
D. 招标说明书
E. 招标文件

8.《安全生产法》规定的行政处罚，根据处罚性质不同，由不同的部门作出，下列可以作出行政处罚的部门包括(　　)。

A. 人民法院
B. 仲裁机构
C. 公证机关
D. 公安机关
E. 负责安全生产监督管理的部门

9. 对不具备安全生产条件的施工单位颁发资质证书的或对没有安全施工措施的建设工程颁发施工许可证的建设行政主管部门的工作人员，将给予的处理方式有(　　)等。

A. 降级
B. 撤职
C. 开除
D. 追究刑事责任
E. 判刑

10. 在下列选项中，属于纳税人权利的是(　　)。

A. 依法办理税务登记
B. 追回纳税人欠缴的税款
C. 申请延期纳税
D. 收取完税凭证
E. 自觉接受税务检查

11. 施工单位违反工程建设强制性标准的，责令改正，处工程合同价款 2%以上 4%以下的罚款；造成建设工程质量不符合规定的质量标准的，负责(　　)，并赔偿因此造成的损失；情节严重的，责令停业整顿，降低资质等级或者吊销资质证书。

A. 返工　B. 修理　C. 更换　D. 重做　E. 保修

12. 无效的劳动合同，从订立的时候起，就没有法律约束力。下列属于无效的劳动合同的有(　　)。

A. 报酬较低的劳动合同
B. 违反法律、行政法规的劳动合同
C. 采用欺诈、威胁等手段订立的劳动合同
D. 未规定明确合同期限的劳动合同
E. 劳动内容约定不明确的劳动合同

13. 我国对刑事责任的承担方式是刑事处罚。刑事处罚有两种，其中主刑包括(　　)。

A. 拘役
B. 有期徒刑
C. 缓刑
D. 无期徒刑
E. 死刑

14. 安装工程一切险与建筑工程一切险有着重要的区别，主要表现在(　　)。

A. 建筑工程保险的标的从开工以后逐步增加，保险额也逐步提高
B. 而安装工程一切险的保险标的一开始就存放于工地，风险比较集中
C. 在一般情况下，自然灾害造成建筑工程一切险的保险标的损失的可能性较大，而造成安装工程一切险的保险标的损失的可能性较小
D. 安装工程在交接前必须经过试车考核
E. 总的来讲，安装工程一切险的风险较小，保险费率也要低于建筑工程一切险

15. 若当事人约定的违约金与造成的损失不一致的，则下列说法中正确的有(　　)。

A. 约定违约金低于造成损失的，当事人可以请求增加

B. 约定违约金过分高于造成损失的，该违约金的约定无效

C. 约定违约金高于所造成损失的，当事人可以请求适当减少

D. 约定违约金过分高于所造成损失的，当事人可以请求适当减少

E. 约定违约金过分低于造成损失的，该违约金的约定无效

16. 在下列（　　）情况下，投标保证金将被没收。

A. 投标人在投标有效期内撤回其投标文件

B. 投标人在投标截止日期内撤回其投标文件

C. 中标人未能在规定期限内提交履约保证金

D. 中标人未能在规定期限内签署合同协议

E. 投标人所投的标为废标

E. 当事人既约定违约金，又约定定金的，一方违约时，对方可以同时选择适用违约金和定金条款

17. 下列表述中，属于合同权利义务终止情形的是（　　）。

A. 合同被解除　　B. 债务人依法将标的物提存

C. 债权债务归于一人　　D. 合同权利义务发生转移

E. 原合同内容发生变化

18. 下列关于施工合同工期纠纷成因，正确的是（　　）。

A. 合同工期约定不合理　　B. 工程施工进度计划有缺陷

C. 不可抗力影响　　D. 工程变更频繁和工程量增减

E. 监理制度不严格，监理不规范、不到位

19. 工程监理单位在实施施工监理过程中，发现安全事故隐患，其能够采取的措施有（　　）。

A. 罚款　　B. 要求施工单位整改

C. 要求施工单位暂时停工　　D. 要求施工单位停业整顿

20. 材料供应商张某对工商局违法扣押其货物提起行政复议。在复议期间，工商局的具体行政行为可以继续执行，但有下列情形（　　）之一的，可以停止执行。

A. 张某申请停止执行，复议机关认为合理

B. 工商局将扣押改为查封

C. 工商局认为需要停止执行

D. 行政复议机关认为需要停止执行

E. 张某提起行政诉讼

考试模拟试题八

一、单项选择题（每题1分，每题的备选答案中，只有1个是最符合题意的）

1. 万某2006年9月参加全国二级建造师资格考试，假如他成绩合格，就可以（　　）。

A. 以建造师的名义担任建设工程项目施工的项目经理

B. 通过注册取得建造师执业资格证书

C. 取得建造师执业资格证书、通过注册以建造师名义执业

D. 取得建造师注册执业证书和执业印章

2.（　　）不是工程建设法律关系的构成要素。

A. 主体　　B. 客体　　C. 内容　　D. 条件

3. 法律意义上的行为是指能够引起法律关系产生、变更、消灭的行为，这种行为指的是（　　）。

A. 人的活动　　B. 人的有意识的活动

C. 人的潜意识的活动　　D. 人的无意识的活动

4. 民事法律关系的（　　）是指民事法律关系主体之间的权利义务不复存在，彼此丧失了约束力。

A. 变更　　B. 终止　　C. 中止　　D. 无效

5.（　　）是指国家司法机关的法定职能活动。

A. 司法行为　　B. 违法行为　　C. 行政行为　　D. 立法行为

6. 没有代理权、超越代理权或者代理权终止后的行为，只有经过被代理人的追认，被代理人才承担民事责任。未经追认的行为，由（　　）承担民事责任。

A. 被代理人　　B. 代理人　　C. 行为人　　D. 法人

7. 人民法院指定一名律师作为离婚诉讼中丧失行为能力而又无其他法定代理人的一方当事人的代理人，就属于（　　）。

A. 直接代理　　B. 法定代理　　C. 委托代理　　D. 指定代理

8. 不当得利一旦发生，不当得利人负有（　　）的义务。因而这是一种债权债务关系。

A. 保管　　B. 返还　　C. 享用　　D. 索赔

9. 新建、扩建、改建的建设工程，建设单位必须在开工前向建设行政主管部门或其授权的部门申请领取建设工程（　　）。

A. 土地所有权证　　B. 土地使用证

C. 规划许可证　　D. 施工许可证

10. 使用财政预算资金的建设项目，需要设备采购的单项合同估算价最低在（　　）万元人民币以上的，必须进行招标。

A. 50　　B. 100　　C. 200　　D. 3 000

11. 大型建筑工程或者结构复杂的建筑工程，可以由（　　）的承包单位联合共同承包。

A. 两个以上

B. 三个以上

C. 四个以上

D. 五个以上

12. 分包单位按照分包合同的约定对(　　)负责。

A. 建设单位

B. 主管部门

C. 总承包单位

D. 监理单位

13. 某监理公司接受委托承担一工程项目的监理任务,派驻现场的监理工程师,对其监理依据有下列看法,其中正确的是(　　)。

A. 施工单位执行《建筑法》等法律法规的情况,应由政府建设行政管理部门监督,故法律、法规不是工程监理依据

B. 监理施工单位“照图施工”是自己的权利和义务,施工图设计文件应作为监理依据

C. 工程进度应由施工承包单位监督检查,工程承包合同中约定的进度条款不属于监理依据

D. 工程款支付是建设单位的权利,工程承包合同中的工程款支付条款不属于监理依据

14. 招标投标活动的公开原则首先要求(　　)要公开。

A. 招标活动的信息

B. 评标委员会成员的名单

C. 工程设计文件

D. 评标标准

15. 在投标的过程中,如果投标人假借别的企业的资质,弄虚作假来投标即违反(　　)这一原则。

A. 公开　　B. 公平　　C. 诚实信用　　D. 公正

16.《工程建设项目招标范围和规模标准规定》中规定项目总投资额在(　　)万元人民币以上的,必须进行招标。

A. 2 000　　B. 3 000　　C. 1 000　　D. 4 000

17. 招标申请书是招标人向政府主管机构提交的要求开始组织招标、办理招标事宜的一种(　　)。

A. 文书　　B. 资料　　C. 合同　　D. 协议

18. 经(　　)不合格的投标人的投标应作废标处理。

A. 资质预审　　B. 资格预审　　C. 投标考核　　D. 评标结果

19. 联合体投标时,以联合体中牵头人的名义提交了投标保证金。该保证金对(　　)具有约束力。

A. 联合体的牵头人

B. 联合体各成员

C. 招标单位

D. 未支付保证金的其他成员

20. 下列关于投标文件的补充、修改与撤回的说法,正确的是(　　)。

A. 对投标文件的补充、修改与撤回,应该在投标截止日期之前进行

B. 对投标文件的补充、修改与撤回,应该在投标有效期之前进行

C. 在投标有效期内进行的补充、修改的内容作为投标文件的组成部分

D. 在投标截止日期前,投标人应该电话通知招标人撤回投标文件

21.《工程建设项目施工招标投标办法》第 43 条规定:“联合体参加资格预审并获通过的,其组成的任何变化都必须在提交投标文件截止之日前征得(　　)的同意。”

A. 投标人　　B. 招标办　　C. 评标办　　D. 招标人

22. 我国招标投标法规定，开标地点应为（　　）。

A. 招标人办公地点　　B. 招标文件中预先确定的地点

C. 政府指定的地点　　D. 招标代理机构办公地点

23. 我国招标投标法规定，评标应由（　　）依法组建的评标委员会负责。

A. 地方政府相关行政主管部门　　B. 招标代理人

C. 中介机构　　D. 招标人

24. 投标文件的排序是指，评标委员会应当按照投标（　　）或者招标文件规定的其他方法，对投标文件排序。

A. 报价的高低　　B. 文件编写提纲程度

C. 文件送达时间顺序　　D. 企业资质等级的高低

25. 评标委员会成员拒绝在评标报告上签字且不陈述其不同意见和理由的，视为（　　）评标结论。

A. 同意　　B. 否认　　C. 默认　　D. 否决

26. 我国《安全生产法》规定，实行施工总承包的建设工程发生生产安全事故后，应由（　　）向当地安全生产监督管理部门报告。

A. 总承包单位　　B. 分包单位

C. 事故现场工人　　D. 事故现场管理人员

27. 生产经营单位应当教育和督促从业人员严格执行本单位的安全生产规章制度和安全操作规程；并向从业人员如实告知作业场所和（　　）存在的危险因素、防范措施以及事故应急措施。

A. 现实生活　　B. 工作环境

C. 工作岗位　　D. 周边环境

28. 生产经营单位进行爆破、吊装等危险作业，应当安排（　　）进行现场安全管理，确保操作规程的遵守和安全措施的落实。

A. 专门人员　　B. 主管人员

C. 负责人员　　D. 专业人员

29. 某施工企业未履行自身的质量责任和义务，情节不严重，受到了责令停业整顿、降低资质等级并处以罚款的处罚。下列情况中能导致施工企业受到该项处罚的是（　　）。

A. 在施工中有偷工减料行为，使用了不合格的建筑材料

B. 允许其他单位以本单位的名义承揽工程

C. 对部分建筑材料和商品混凝土没有进行检验

D. 拖延履行保修义务

30. 我国《安全生产法》规定，生产经营单位与从业人员订立协议，免除或者减轻其对从业人员因生产安全事故伤亡依法应承担的责任的，该协议（　　）。

A. 无效　　B. 有效

C. 经备案后生效　　D. 是否生效应视具体情况而定

31. 安全生产责任制度是（　　）方针的具体体现，是建筑安全生产的基本制度。

A. 安全第一、预防为主　　B. 安全为主、预防第一

C. 预防为主、安全为先　　D. 预防第一、安全为先

32. 建设单位应当在拆除工程施工（　　）日前，将有关资料报送建设工程所在地的县级以

上地方人民政府建设行政主管部门或者其他有关部门备案。

A. 7　　B. 10　　C. 15　　D. 30

33. 对所承担建设工程进行定期和专项安全检查，并做好安全检查记录是（　　）安全生产管理的主要责任和义务之一。

A. 施工单位　　B. 建设单位

C. 施工单位　　D. 监理单位

34.《建设工程安全生产管理条例》规定，因建设工程施工可能造成损害的毗邻建筑物、构筑物和地下管线等，应当采取专项保护措施。该保护措施应由（　　）负责实施。

A. 设计单位　　B. 建设单位

C. 施工单位　　D. 监理单位

35. 作业人员在进入新的施工现场前（　　）。

A. 可以不接受安全教育培训

B. 必须接受安全教育培训

C. 只有危险岗位才需要安全教育培训

D. 只有主要技术负责人才有必要接受安全教育培训

36.《安全生产许可证条例》第2条规定："国家对矿山企业、建筑施工企业和危险化学品、烟花爆竹、民用爆破器材生产企业实行（　　）生产许可制度。"

A. 质量　　B. 安全　　C. 卫生　　D. 防疫

37.《质量条例》对加强工程质量监督管理的一系列重大问题作出了明确的规定：一是对业主的行为进行了严格规范；二是对建设单位、勘察设计单位、施工单位和监理单位的（　　）及其在实际工作中容易出问题的重要环节作出了明确的规定。

A. 质量责任　　B. 安全责任

C. 经济责任　　D. 社会责任

38. 涉及建筑主体和承重结构变动的装修工程，建设单位要有（　　）。

A. 施工图纸　　B. 设计方案

C. 施工方案　　D. 装修方案

39. 建设工程质量保修制度是指建设工程在办理竣工验收手续后，在规定的保修期限内，出现的质量缺陷，应当由（　　）单位负责维修、返工或更换，由责任单位负责赔偿损失。

A. 工程监理　　B. 施工承包

C. 质量责任　　D. 工程建设

40. 涉及建筑主体或者承重结构变动的装修工程，没有设计方案擅自施工的；责令改正，处（　　）的罚款。

A. 50万元以上100万元以下　　B. 20万元以上50万元以下

C. 10万元以上50万元以下　　D. 5万元以上20万元以下

41. 设计标准是指从事工程设计所依据的（　　）文件。

A. 专业　　B. 行业　　C. 法律　　D. 技术

42. 机关、团体、企业、事业单位应当履行的消防安全职责之一是：实行防火安全（　　），确定本单位和所属各部门、岗位的消防安全责任人。

A. 岗位制　　B. 责任制　　C. 承包制　　D. 分工制

43.（　　）不属于劳动合同变更。

A. 劳动合同期限的变更
B. 劳动保护的变更
C. 当事人的变更
D. 劳动报酬的变更

44. 从事建筑工程活动的企业或单位，应当向（　　）管理部门申请设立登记，并由建设行政主管部门审批后，颁发资格证书。

A. 建设行政
B. 工商行政
C. 资质审查
D. 资格审批

45. 以产生责任的（　　）为标准，民事责任可分为违约责任和侵权责任。

A. 社会基础
B. 法律基础
C. 法律事实
D. 社会现象

46. 关于预期违约的特点，叙述错误的是（　　）。

A. 是在合同签订之前就已到来的违约
B. 是当事人在合同履行期到来之前的违约
C. 侵害的是对方当事人期待的债权而不是现实的债权
D. 与实际违约后果不同（主要造成对方信赖利益的损害）

47. 事实发生具有（　　）性，即已经存在，没有存在损害事实，则不构成法律责任。

A. 主观　B. 偶然　C. 突发　D. 客观

48. 根据《保险法》，（　　）是指与保险人订立保险合同，并按照保险合同负有支付保险费义务的人。

A. 承保人　B. 投保人　C. 保险人　D. 被保险人

49. 合同的成立意味着（　　）。

A. 合同具有法律效力
B. 当事人对合同内容达成一致
C. 合同符合法律规定
D. 合同受到法律保护

50. 下列（　　）不属于欺诈行为的构成要件。

A. 欺诈方有欺诈的故意
B. 欺诈方实施了欺诈行为
C. 欺诈必须是非法的
D. 相对人因受到欺诈而做出错误的意思表示

51. 合同法的核心是（　　），它是合同当事人订立合同的根本目的。

A. 违约责任
B. 合同履行
C. 纠纷的解决
D. 合同的标的

52. 执行政府定价或者政府指导价的，逾期交付标的物的，遇价格变化时，正确的处理方法是（　　）。

A. 遇价格上涨时，按照新价格执行
B. 遇价格下跌时，按照平均价格执行
C. 遇价格上涨时，按照原价格执行
D. 遇价格下跌时，按照原价格执行

53. 合同的变更是新合同对旧合同的（　　），所以必然在变更前就存在合同关系。如果没有这一作为变更基础的现存合同，就不存在合同变更。

A. 补充　B. 说明　C. 修改　D. 替代

54. 依《合同法》的规定，下列表述中属于债权债务转让必要条件的是（　　）。

A. 当事人一方告知对方
B. 当事人一方经对方同意
C. 当事人一方为对方提供担保
D. 当事人一方为对方支付违约金

55. 和解是指在合同发生争议后，合同当事人在(　　)基础上，依照法律、法规的规定和合同的约定，自行协商解决合同争议。

A. 自愿互谅　　B. 平等自愿

C. 公平公正　　D. 合理合法

56. 某项目建设过程中，发、承包双方就有关建设工程标准的执行问题有不同理解。对此问题下列各项观点中正确的是(　　)。

A. 在承包合同中双方约定的内容不低于强制标准的规定

B. 若强制性标准未在承包合同中约定，则对承包方不具约束力

C. 因推荐性标准属自愿执行，所以对承包合同中的推荐性标准可以不执行

D. 因发包方坚持要求承包方执行强制性标准而增加的成本应由发包方承担

57. 法院应当在立案之日起(　　)内将起诉状副本送达被告；被告在收到之日起 15 日内提出答辩状。

A. 5 日　　B. 7 日　　C. 6 日　　D. 8 日

58. 关于证据保全制度，说法正确的是(　　)。

A. 当事人申请保全证据的，应当提供相应的担保

B. 仲裁委员会应当将当事人的证据保全申请提交当地基层人民法院

C. 人民法院进行证据保全，应当要求当事人或者诉讼代理人到场

D. 人民法院进行证据保全，可以采用查封、扣押、拍照等方法

59. 依据《合同法》的规定，受要约人超过承诺期限发出承诺的，除要约人及时通知受要约人该承诺有效的以外，应视为(　　)。

A. 违约　　B. 缔约过失　　C. 要约邀请　　D. 新要约

60. 定金合同是当事人双方为了保证债务的履行，按照合同规定向对方预先给付一定数额的货币，定金的数额由当事人约定，但不得超过主合同标的额的(　　)。

A. 10%　　B. 20%　　C. 25%　　D. 30%

二、多项选择题(每题 2 分。每题的备选答案中，有 2 个或 2 个以上符合题意，至少有一个错误选项。错选，本题不得分，少选，所选的每个选项得 0.5 分)

1. 建造师张某辞去了原施工单位的工作，受聘于一家建设工程招标代理公司，他办理变更注册手续时应提交的材料是(　　)。

A. 注册建造师变更注册申请表　　B. 注册证书和执业印章

C. 专业增项资格证明　　D. 与新聘用单位签订的聘用合同

E. 与原单位解除聘用合同的证明

2. 根据我国《民法通则》以及相关的法律规范的规定，能够引起债的发生的法律事实，即债的发生根据，主要有(　　)。

A. 所有权　　B. 合同　　C. 侵权行为　　D. 不当得利

3. 建设单位必须在建设工程立项批准后，工程发包前，向建设行政主管部门或建设行政主管部门授权的部门办理报建登记手续。未办理报建登记手续的工程，(　　)。

A. 不得施工　　B. 不得设计

C. 不得监理　　D. 不得发包

E. 不得签订工程合同

4. 实施建筑工程监理前，建设单位应当将(   )书面通知被监理的建筑施工企业。

A. 建设工程质量管理条例
B. 监理的内容
C. 委托的工程监理单位
D. 监理权限
E. 监理人员名单

5.《工程建设项目招标范围和规模标准规定》第8条规定：建设项目(   )，经项目主管部门批准，可以不进行招标。

A. 与科技、教育、文化相关的
B. 涉及生态环境保护的
C. 建筑艺术造型有特殊要求的
D. 勘察、设计采用特定专利的
E. 勘察、设计采用专有技术的

6. 下列做法中，(   )不符合《建筑法》关于分包工程的规定。

A. 某建筑施工企业将其承包的全部建筑工程转包给他人
B. 某建筑施工企业将其承包的全部建筑工程肢解以后以分包的名义分别转包给他人
C. 某建筑施工企业经建设单位认可将承包工程中的部分工程发包给具有相应资质条件的分包单位
D. 分包单位将其承包工程中的部分工程再分包给具有相应资质条件的施工企业
E. 总承包单位和分包单位就分包工程对建设单位承担连带责任

7. 工程建设项目施工招标投标管理办法中规定的无效投标文件包括(   )。

A. 未按规定的格式填写
B. 在一份投标文件中对同一招标项目报有多个报价的
C. 投标人名称与资格预审时不一致的
D. 无法定代表人盖章，只有单位盖章和法定代表人授权的代理人签字的
E. 只有法人代表或法人代表授权的代理人的签字，无单位盖章的

8. 关于事故调查的步骤和要求，下列叙述正确的是(   )。

A. 通过详细的调查，查明事故发生的经过
B. 事故分析时，首先整理和仔细阅读调查材料，对受伤部位、受伤性质、起因物、致害物、伤害方法、不安全行为和不安全状态等七项内容进行分析
C. 事故原因分析时，应根据调查所确认的事实，从间接原因入手，逐步深入到直接原因
D. 确定事故性质。工地发生伤亡事故的性质通常可分为责任事故、非责任事故和破坏事故
E. 根据事故发生的原因，找出防止发生类似事故的具体措施，并应定人、定时间、定标准，完成采取相应措施的全部内容

9.《建设工程安全生产管理条例》规定，在施工现场(   )等危险部位，应设置明显的、符合国家标准的安全警示标志。

A. 出入通道口
B. 孔洞口
C. 临时用电设施部位
D. 生活区
E. 基坑边沿

10. 合同内容的变更可能涉及合同的(   )变更。

A. 标的　B. 期限　C. 数量　D. 主体　E. 地点

11. 定金是担保的一种形式，具有以下性质(   )。

A. 合同成立的证据
B. 抵作价款

C. 违约金　　D. 预先给付

E. 担保

12. 环境保护“三同时”制度是建设项目环境保护法律制度的重要组成部分，其内容包括建设项目需要配套建设的环境保护设施，必须与主体工程（　　）。

A. 同时立项　　B. 同时设计

C. 同时施工　　D. 同时竣工

E. 同时投入使用

13. 我国对刑事责任的承担方式是刑事处罚。刑事处罚有两种，其中附加刑包括（　　）。

A. 罚金　　B. 没收财产

C. 拘役　　D. 缓刑

E. 剥夺政治权利

14. 安装工程一切险的被保险人除承包人外还包括（　　）。

A. 制造商或供应商　　B. 第三人

C. 技术咨询顾问　　D. 业主

E. 待安装构件的买受人

15. 下列说法正确的是（　　）。

A. 法人或者其他组织的法定代表人、负责人超越权限订立的合同，无论何种情况，该代表行为有效

B. 无权代理是指行为人没有代理权或超越代理权限而以他人的名义进行民事、经济活动

C. 行为人没有代理权、超越代理权或者代理权终止后以被代理人名义订立的合同，未经被代理人追认，对被代理人不发生效力，由行为人承担责任

D. 如果善意相对人有理由相信无权代理人具有代理权，且据此而与无权代理人订立合同，根据《合同法》规定，该代理行为有效

E. 因无权处分行为而订立的合同，如果经权利人追认或者无权处分人在订立合同后取得处分权，则合同有效

16. 下列关于不可抗力及其责任规定说法正确的是（　　）。

A. 因不可抗力不能履行合同的，根据不可抗力的影响，部分或者全部免除责任，但法律另有规定的除外

B. 不可抗力，是指当事人在订立合同时不能预见、对其发生和后果不能避免并不能克服的客观情况

C. 当事人迟延履行后发生不可抗力的，视其具体情况部分或者全部免除责任

D. 不可抗力事件发生后，当事人一方应及时通知对方，以减轻可能给对方造成的损失，并且应当在合理的期限内提供证明

E. 及时通知对方，是当事人的首要义务，目的在于避免给对方造成更大的损失，如果当事人通知不及时，而给对方造成损失的扩大，则对扩大的损失不能免除责任

17. 劳动争议仲裁委员会的办案原则有（　　）。

A. 二裁终局原则　　B. 强制原则

C. 一次裁决的原则　　D. 少数服从多数的原则

E. 或裁或审原则

18. 下列关于施工合同分包与转包纠纷成因，正确的是(　　)。

A. 合同存在缺陷

B. 因承包范围不清产生的纠纷

C. 因转包导致的纠纷

D. 因对分包管理不严产生的纠纷

E. 因配合和协调问题产生的纠纷

19. 无效合同、可撤销合同的确认应由(　　)裁定。

A. 人民法院

B. 当事人双方

C. 主管部门

D. 仲裁机构

E. 检察机构

20. 权利质押是指出质人将其法定的可以质押的权利凭证交付质权人以担保质权人的债权得以实现的法律行为。《担保法》规定可以质押的权利凭证包括(　　)。

A. 汇票、支票、本票

B. 依法可以转让的股份、股票

C. 著作权中的署名权、修改权

D. 债券、存款单、仓单、提单

E. 依法可以质押的其他权利

考试模拟试题九

一、单项选择题(每题1分,每题的备选答案中,只有1个是最符合题意的)

1. 工程师肖某取得建造师执业资格证书后,因故未能在3年内申请注册,3年后必须(　　)方可申请初始注册。

A. 重新取得执业资格

B. 提供达到继续教育要求的证明材料

C. 提供新的业绩证明

D. 符合继续执业的条件

2. 民事法律关系主体是指参加民事活动,受民事法律规范调整,在法律上享有权利、承担义务的____。错误的选项是(　　)。

A. 公民　　B. 自然人　　C. 法人　　D. 其他组织

3. 下列法律中,属于商法的是(　　)。

A. 担保法　　B. 公司法

C. 招标投标法　　D. 消防法

4. 关于工程建设法律关系协议终止,下列说法正确的是(　　)。

A. 由于承包人违约,业主合理终止了合同

B. 业主和承包人接受了监理工程师的调节,按照新的标准结算了工程款

C. 业主和承包人接受了监理工程师的调节,双方同意推迟一个月结算工程款

D. 发生了战争,业主和承包人按照合同的约定终止了合同

5. 甲建设单位委托乙设计单位编制工程设计图纸,但未约定该设计著作权归属。乙设计单位注册建筑师王某被指派负责该工程设计,则该工程设计图纸许可使用权归(　　)享有。

A. 甲建设单位　　B. 乙设计单位

C. 注册建筑师王某　　D. 甲、乙两单位共同

6. 甲委托乙去丙处,为自己购买一台设备,在这个代理关系中,乙是(　　)。

A. 代理人　　B. 被代理人　　C. 第三人　　D. 委托人

7. 在代理权限范围内,代理人(　　)进行代理活动。

A. 应亲自　　B. 可委托第三人

C. 不必亲自　　D. 可以自己的名义

8. 无因管理行为一经发生,便会在管理人和其事务被管理人之间产生债权债务关系,其事务被管理者负有赔偿管理者在管理过程中所支付的(　　)的义务。

A. 合理费用及直接损失　　B. 一切费用及直接损失

C. 合理费用及间接损失　　D. 一切费用及间接损失

9. 根据《建筑法》,下列不属于领取施工许可证的条件是(　　)。

A. 建设资金已经落实　　B. 有保证工程质量和安全的具体措施
C. 已经确定施工企业　　D. 拆迁工作已经完成

10. 根据《建筑法》的规定，建设单位应当自领取施工许可证之日起(　　)内开工。

A. 1 个月　　B. 3 个月　　C. 半年　　D. 1 年

11. 下列表述中，不符合《建筑法》关于承揽工程的规定的是(　　)。

A. 禁止建筑施工企业超越本企业资质等级许可的业务范围承揽工程
B. 禁止建筑施工企业以任何形式用其他建筑施工企业的名义承揽工程
C. 禁止由两个以上的承包单位联合共同承包建筑工程
D. 禁止肢解发包工程

12. 有关总包分包的责任承担表述不正确的是(　　)。

A. 总承包单位按照总承包合同的约定对建设单位负责
B. 分包单位按照分包合同的约定对总承包单位负责
C. 总承包单位和分包单位就分包工程对建设单位承担连带责任
D. 总承包单位和分包单位就分包工程对建设单位承担各自的责任

13.《建设工程质量管理条例》第 34 条第 1 款规定："工程监理单位应当依法取得相应等级的资质证书，并在(　　)的范围内承担工程监理业务。"

A. 法律允许　　B. 合同规定　　C. 企业经营业务　　D. 资质等级许可

14. 招标信息公开是相对的，对于一些需要保密的事项是不可以公开的。如(　　)在确定中标结果之前就不可以公开。

A. 评标委员会成员名单　　B. 投标邀请书
C. 资格预审公告　　D. 招标活动的信息

15. 下列关于投标文件的补充、修改与撤回的说法，正确的是(　　)。

A. 对投标文件的补充、修改与撤回，应该在投标截止日期之前进行
B. 对投标文件的补充、修改与撤回，应该在投标有效期之前进行
C. 在投标有效期内进行的补充、修改的内容作为投标文件的组成部分
D. 在投标截止日期前，投标人应该电话通知招标人撤回投标文件

16.《工程建设项目招标范围和规模标准》规定，建设项目的勘察、设计采用特定专利或者专有技术的，或者其建筑艺术造型有特殊要求的，经项目(　　)批准，可以不进行招标。

A. 法定部门　　B. 审批部门　　C. 主管部门　　D. 审查部门

17. 招标申请书的主要内容包括：招标单位的(　　)、招标工程具备的条件、拟采用的招标方式和对投标人的要求等。

A. 资格　　B. 资质　　C. 业绩　　D. 资金

18. 投标单位收到招标文件、图纸和有关资料后，应当认真核对，核对无误后以(　　)形式予以确认。

A. 口头　　B. 书面　　C. 电传　　D. 合同

19. 联合体投标时，可以(　　)的名义提交投标保证金。

A. 联合体牵头人
B. 联合体各方
C. 联合体牵头人或者联合体各方
D. 联合体投标因实力比较强，可以不必提交投标保证金

20. 投标人应当按照招标文件要求的(　　)和金额，将投标保证金随投标文件提交给招标人。

A. 方式　　B. 时间　　C. 地点　　D. 内容

21.《招标投标法》第23条规定：招标人对已发出的招标文件进行必要的澄清或者修改的，应当在招标文件要求提交投标文件截止时间至少(　　)日前，以书面形式通知所有招标文件收受人。

A. 5　　B. 10　　C. 15　　D. 20

22. (　　)是招标人按照招标公告或者投标邀请书规定的时间、地点，当众开启所有投标人的投标文件，宣读投标人名称、投标价格和投标文件的其他主要内容的过程。

A. 开标　　B. 招标　　C. 评标　　D. 议标

23. 评标委员会成员名单一般应于开标前(　　)。

A. 公布　　B. 公示　　C. 公证　　D. 确定

24. 投标报价汇率风险的承担是指，以多种货币报价的，应当按照(　　)在开标日公布的汇率中间价换算成人民币。

A. 中国银行　　B. 中国人民银行

C. 中国工商银行　　D. 中国建设银行

25. 通常情况下，评标委员会推荐的中标候选人人数可以是(　　)人。

A. 1～3　　B. 2～6　　C. 3～7　　D. 4～9

26. 我国《安全生产法》规定，生产经营单位的主要负责人未履行本法规定的安全生产管理职责，导致发生生产安全事故，受到刑事处罚的，(　　)。

A. 永远不得担任任何生产经营单位的主要负责人

B. 自刑罚执行完毕之日起，一年内不得担任任何生产经营单位的主要负责人

C. 自刑罚执行完毕之日起，五年内不得担任任何生产经营单位的主要负责人

D. 自刑罚执行完毕之日起，即可担任任何生产经营单位的主要负责人

27. 生产经营单位新建、改建、扩建工程项目的安全设施，必须与主体工程(　　)。

A. 同时设计、同时施工、同时投入生产和使用

B. 同时规划、同时设计、同时施工

C. 同时设计、同时监理、同时使用

D. 同时规划、同时设计、同时施工

28. 某施工企业未取得安全生产许可证就进行施工，除责令其停止生产、没收违法所得外，还应处(　　)罚款。

A. 5万元以下　　B. 5万元以上10万元以下

C. 10万元以上50万元以下　　D. 50万元以上100万元以下

29. 重大伤亡事故应由(　　)会同相关部门组成事故调查组进行调查。

A. 企业主管部门

B. 省、自治区、直辖市企业主管部门或国务院有关主管部门

C. 公安部门

D. 劳动部门

30. 根据《劳动法》，劳动者非因工负伤，医疗期满后，不能从事原工作也不能从事由用人单位另行安排的工作的，用人单位可以解除劳动合同，但是应当提前(　　)日以书面形式通知劳

动者本人。

A. 10　　B. 15　　C. 30　　D. 50

31.(　　)制度是职工群众进行预防和治理安全的一种制度。

A. 群防群治　　B. 安全责任

C. 安全教育　　D. 安全检查

32. 下列属于工程监理企业安全生产管理的主要责任和义务是(　　)。

A. 保证安全生产投入

B. 审查安全技术措施或专项施工方案

C. 对施工现场的安全生产负总责

D. 对建设工程项目的安全施工负责

33. 施工单位的项目负责人应当由取得(　　)的人员担任,对建设工程项目的安全施工负责,落实安全生产责任制度、安全生产规章制度和操作规程,确保安全生产费用的有效使用,并根据工程的特点组织制定安全施工措施,消除安全事故隐患,及时、如实报告生产安全事故。

A. 安全资格　　B. 建造师资格

C. 相应执业资格　　D. 项目经理资格

34.《建设工程安全生产管理条例》第 31 条规定,施工单位应当在施工现场建立消防安全责任制度,确定消防安全责任人,制定用火、用电、使用易燃易爆材料等各项消防安全管理制度和操作规程,设置消防通道、消防水源,配备消防设施和灭火器材,并在施工现场入口处设置(　　)标志。

A. 警告　　B. 指示　　C. 提示　　D. 明显

35. 出租单位应当对出租的机械设备和施工工具及配件的安全性能进行检测,在签订租赁协议时,应当出具检测(　　)。

A. 合格保证　　B. 试验报告

C. 安全证明　　D. 合格证明

36. 负责中央管理的建筑施工企业安全生产许可证的颁发和管理的是(　　)。

A. 国务院安全生产监督管理部门

B. 国务院建设主管部门

C. 国务院国防科技工业主管部门

D. 国家煤矿安全监察机构

37. 政府对工程质量的监督管理主要以保证工程(　　)和环境质量为主要目的。

A. 居住环境　　B. 使用安全

C. 使用功能　　D. 结构安全

38.(　　)应按照国家有关规定组织竣工验收;建设工程验收合格的,方可交付使用。

A. 施工单位　　B. 质检单位

C. 监理单位　　D. 建设单位

39. 某建筑公司虽具有开工条件,但在未取得施工许可证的情况下,擅自进行施工,该公司应受到的行政处罚是(　　)。

A. 责令改正　　B. 罚款

C. 没收违法建筑物　　D. 吊销营业执照

40. 房屋建筑使用者在装修过程中擅自变动房屋建筑主体和承重结构的;责令改正;处

(　　)的罚款。

A. 1 万元以上 2 万元以下

B. 1 万元以上 3 万元以下

C. 2 万元以上 5 万元以下

D. 5 万元以上 10 万元以下

41. 根据标准的约束性划分，保障人体健康，人身财产安全的标准和法律、行政性法规规定强制性执行的国家和行业标准是(　　)。

A. 设计标准　　B. 强制性标准

C. 推荐性标准　　D. 管理标准

42. 机关、团体、企业、事业单位应当履行的消防安全职责之一是：按照国家有关规定配置消防设施和器材，设置消防(　　)标志，并定期组织检验、维修，确保消防设施和器材完好、有效。

A. 安全　　B. 警示　　C. 警告　　D. 提示

43. 劳动合同的解除，是指当事人双方(　　)终止劳动合同的法律效力，解除双方的权利义务关系。

A. 提前　　B. 到期　　C. 正常　　D. 被迫

44. 下列选项中(　　)不属于建筑工程从业的经济组织。

A. 建筑施工企业　　B. 工程监理企业

C. 工程招标代理机构　　D. 建设项目业主

45. 违约责任是违反合同的民事责任的简称，是指合同当事人一方不履行合同义务或履行合同义务不符合合同约定所承担的(　　)责任。

A. 民事　　B. 法律　　C. 刑事　　D. 经济

46. 承担违约责任的具体方式，下面所列错误的是(　　)。

A. 继续履行　　B. 采取补救措施

C. 赔偿损失　　D. 承担法律责任

47. 如果没有违法行为，就无需承担法律责任，而且合法的行为还应受到法律的(　　)。

A. 鼓励　　B. 表扬　　C. 保护　　D. 称赞

48. 某发包人负责采购材料，欠甲材料供应商 100 万元，在工程实施过程中，为了筹措资金又将工程抵押给银行，工程竣工后，施工单位经多次催促，发包人始终无法支付结算价款。最后向法院申请拍卖该工程，那么，在拍卖完成后，(　　)将最先受偿。

A. 甲材料供应商　　B. 银行

C. 施工单位　　D. 先到先得，没有先后顺序

49. 下列合同生效的要件中，错误的是(　　)。

A. 合同当事人具有完全的民事行为能力和民事权利能力

B. 合同当事人意思表示自愿且真实

C. 合同不违反法律或社会公共利益

D. 具备法律、行政法规定合同生效须具备的形式条件

50. 免责条款是指合同当事人在合同中预先约定的，旨在(　　)或免除其未来责任的条款。

A. 回避　　B. 限定　　C. 规定　　D. 限制

51. 全面履行是指合同(　　)应当按照合同的约定全面履行自己的义务。

A. 当事人　　B. 委托人　　C. 代理人　　D. 责任人

52. 违约责任产生的根本原因是(　　)。

A. 违约主观过错　　B. 违约行为

C. 违约目的　　D. 违约结果

53. 合同变更中的原合同必须是(　　)。

A. 无效合同　　B. 有效合同

C. 被撤销的合同　　D. 未生效的合同

54. (　　)即合同权利转让,是指合同的债权人通过协议将其债权全部或者部分转移给第三人的行为。

A. 债权转移　　B. 债务转让

C. 债务转移　　D. 债权转让

55. 和解协议(　　)强制执行的效力。

A. 一般具有　　B. 一般不具有

C. 具有　　D. 不具有

56. 当事人约定由 3 名仲裁员组成仲裁庭的,应当各自选定或者各自委托仲裁委员会主任指定 1 名仲裁员,第 3 名仲裁员由(　　)或者共同委托仲裁委员会主任指定。

A. 一方当事人选定　　B. 当事人共同选定

C. 行政主管部门指定　　D. 仲裁委员会指定

57. 在不违反民事诉讼法对级别管辖和专属管辖规定的情况下,合同双方当事人可在书面合同中协议选择的人民法院不包括(　　)。

A. 合同履行地　　B. 合同纠纷发生地

C. 合同签订地　　D. 标的物所在地

58. 解决因联合体承包而导致的施工合同纠纷的防范措施是(　　)。

A. 加强对发包方主体资格的审查

B. 加强对承包方资质和相关人员资格的审查

C. 联合体承包应合法、规范、自愿

D. 加强对授权委托书和合同专用章的管理

59. 标的即合同法律关系的客体,是指合同当事人(　　)指向的对象。

A. 拥有权利　　B. 应负义务

C. 承担责任　　D. 权利义务

60. 债权合同是指确定、变更、终止(　　)关系的合同。

A. 双方权益　　B. 保证方权益

C. 债权债务　　D. 借贷

二、多项选择题(每题 2 分。每题的备选答案中,有 2 个或 2 个以上符合题意,至少有一个错误选项。错选,本题不得分,少选,所选的每个选项得 0.5 分)

1. 定金是担保的一种形式,具有以下性质(　　)。

A. 合同成立的证据　　B. 抵作价款

C. 违约金　　D. 预先给付

E. 担保

2. 下列说法正确的是(　　)。

A. 合同是指民事主体之间关于设立、变更和终止债权债务关系的协议

B. 侵权行为是指行为人不法侵害他人的财产权或人身权的行为

C. 不当得利是指没有法律或合同根据，有损于他人而取得的利益

D. 无因管理是指既未受人之托，也不负有法律规定的义务，而是自觉为他人管理事务的行为

E. 遗赠、扶养、发现埋藏物等，也是债的发生根据

3. 下列各项会导致建造师注册证书和执业印章失效的情形有（　　）。

A. 未达到注册建造师继续教育要求

B. 注册有效期满且未延续注册

C. 已与聘用单位解除聘用合同关系

D. 聘用单位由有限责任公司变更为股份有限公司

E. 建造师因受伤成为植物人

4. 工程建设监理的依据主要是（　　）。

A. 有关法律、行政法规、规章以及标准、规范

B. 勘察设计合同

C. 有关工程建设文件

D. 建设单位委托监理合同

E. 有关的建设工程合同

5. 保证的方式分为（　　）。

A. 一般保证　　B. 定金保证

C. 部分连带责任保证　　D. 连带责任保证

E. 抵押

6. 投标文件一般包括下列内容（　　）。

A. 投标函　　B. 投标报价

C. 成本构成表　　D. 施工组织设计

E. 商务和技术偏差表

7. 在某办公大楼招标中，经过评标，则下列说法错误的是（　　）。

A. 评标委员会认为所有投标都不符合要求，否决所有投标

B. 投标价格最低的投标人必须中标

C. 中标人收到中标通知书时，该通知书才发生效力

D. 招标人可以收回中标通知书

E. 招标人只需要向中标人发出中标通知书，而无须向其他投标人发出通知

8. 事故分析时，首先整理和仔细阅读调查材料，按 GB 6411—86 标准附录 A，对（　　）等内容进行分析。

A. 受伤部位　　B. 起因物

C. 责任　　D. 伤害方法

E. 不安全行为

9.《建设工程安全生产管理条例》是依据中华人民共和国（　　）规定制定的。

A. 建筑法　　B. 安全法

C. 安全生产法　　D. 合同法

E. 经济法

10. 对工程监理单位可处合同约定的监理酬金1倍以上2倍以下的罚款的行为是(　　)。

A. 超越本单位资质等级承揽工程的

B. 未取得资质证书承揽工程的

C. 工程监理单位转让工程监理业务的

D. 与建设单位或者施工单位串通,弄虚作假,降低工程质量的

E. 以欺骗手段取得资质证书承揽工程的

11. 工程建设标准根据约束性的不同可分为(　　)。

A. 强制性标准　　B. 技术标准

C. 推荐性标准　　D. 工作标准

E. 鼓励性标准

12. 下列选项中,符合《劳动法》关于安全及劳动卫生规程规定的是(　　)。

A. 用人单位必须建立、健全劳动安全卫生制度

B. 劳动安全卫生设施必须符合企业规定的标准

C. 用人单位必须为劳动者提供符合国家规定的劳动安全卫生条件和必要的劳动防护用品

D. 从事特种作业的劳动者必须经过专门培训并取得特种作业资格

E. 劳动者在劳动过程中必须严格遵守安全操作规程

13. 施工单位必须建立、健全施工质量的检验制度,严格工序管理,作好隐蔽工程的质量检查和记录。隐蔽工程在隐蔽前,施工单位应当通知(　　)。

A. 建设单位　　B. 建设工程质量监督机构

C. 安全生产监督管理部门　　D. 勘察、设计单位

E. 设计单位

14. 建设行政主管部门对建设单位的(　　)行为,可以处以罚款。

A. 建设单位拖延支付工程价款

B. 建设单位提供的设计有缺陷的

C. 建设单位任意压缩工期

D. 建设单位未组织竣工验收,擅自交付使用的

E. 未按照国家规定办理工程质量监督手续的

15. 按照《合同法》第52条规定,有下列情形之一的,合同无效。(　　)

A. 一方以欺诈、胁迫的手段订立合同,损害国家利益

B. 恶意串通、损害国家、集体或者第三人利益

C. 以合法形式掩盖非法目的

D. 损害社会公共利益

E. 违反法律、行政法规的一般性规定

16. 建筑施工企业有下列(　　)行为的,与他人签订的建设工程施工合同无效。

A. 将其承包的建设工程全部转包给其他符合资质条件的施工企业完成

B. 将其承包的全部建设工程肢解以后以分包的名义分别转给其他单位承包

C. 将其总承包的工程中的专业工程发包给其他具有相应资质的承包单位完成

D. 借用有资质的建筑施工企业名义

E. 将其所承包的工程中的劳务作业发包给其他承包单位完成

17. 法定解除就是直接根据法律规定的解除权解除合同。下列情形符合《合同法》规定、当事人可以解除合同的是(　　)。

A. 因不可抗力致使不能实现合同目的

B. 在履行期限届满之前,当事人一方明确表示或者以自己的行为表明不履行主要债务

C. 当事人一方虽然已经履行主要债务,但有极少部分债务在合理期限内仍未履行

D. 当事人一方迟延履行债务或者有其他违约行为致使不能实现合同目的

E. 法律规定的其他情形

18. 下列有关建设项目环境影响评价的叙述中,正确的有(　　)。

A. 建设项目环境影响评价的义务主体是建设单位

B. 建设项目环境影响评价文件未经建设单位审批,不得开工建设

C. 建设项目的环境影响评价文件自批准之日起,有效期为 5 年

D. 在项目建设、运行过程中产生不符合经审批的环境影响评价文件的情形的,环境保护主管部门应当组织环境影响的后评价

19. 某公司拟从事工程安装业务,经工商登记机关登记取得营业执照后,现在应当实施的行为是(　　)。

A. 自领取营业执照之日起 30 日内向税务机关办理税务登记

B. 按照有关法律、行政法规和国务院财政、税务主管部门的规定设置账簿

C. 向税务机关预交纳税保证金

D. 从商店购买增值税专用发票

E. 从商店购买会计账簿

20. 质押合同的主要内容包括(　　)。

A. 被担保的主债权种类、数额

B. 债务人履行债务的期限

C. 质物的名称、数量、质量、状况

D. 质押担保的范围、质物移交的时间

E. 质物移交的担保人、证人

考试模拟试题十

一、单项选择题(每题1分,每题的备选答案中,只有1个是最符合题意的)

1. 注册建造师延续执业,应在注册有效期满30日前申请延续注册,延续注册的有效期为(　　)年。

A. 2　　B. 3　　C. 4　　D. 5

2. 下列关于法人的表述中,错误的是(　　)。

A. 具有民事权利能力

B. 具有民事行为能力

C. 是自然人和企事业单位的总称

D. 能够独立承担民事责任

3. 民事(　　)是指民事法律关系主体在法定范围内有权进行各种民事活动。

A. 活动　　B. 权利　　C. 义务　　D. 资格

4. 行政规章是由(　　)制定的法律规范性文件,包括部门规章和地方政府规章。

A. 地方人民政府　　B. 最高国家行政机关

C. 国务院　　D. 国家行政机关

5. 民事行为能力是指通过自己的行为(　　)的资格。

A. 取得民事权利

B. 负担民事义务

C. 取得民事权利或负担民事义务

D. 取得民事权利和负担民事义务

6. 施工企业委托律师代理诉讼属于(　　)。

A. 法定代理　　B. 指定代理　　C. 约定代理　　D. 委托代理

7. 债是(　　),在当事人之间产生的特定的权利和义务关系。

A. 按照合同约定

B. 依照法律规定

C. 按照合同约定或者依照法律规定

D. 按照合同约定和依照法律规定

8. 无因管理行为一经发生,便会在管理人和其事务被管理人之间产生债权债务关系,其事务被管理者负有赔偿管理者在管理过程中所支付的(　　)的义务。

A. 合理的费用及直接损失　　B. 直接损失及间接损失

C. 管理费用及间接损失　　D. 合理的费用及间接损失

9. 一般情况下,(　　)的建筑工程可以不申请施工许可证。

A. 工程投资额在3万元以下或者建筑面积在30平方米以下

B. 工程投资额在30万元以下或者建筑面积在300平方米以下

C. 工程投资额在 300 万元以下或者建筑面积在 3 000 平方米以下

D. 工程投资额在 3 000 万元以下或者建筑面积在 30 000 平方米以下

10. 领取施工许可证后，因故不能按期开工的，应当向发证机关申请延期；延期以（　　）为限，每次不超过三个月。

A. 一次　　B. 两次　　C. 三次　　D. 四次

11. 某房地产开发公司在某市老城区拟开发的一住宅小区项目涉及到拆迁，按照《建筑工程施工许可管理办法》的规定，房地产公司申领施工许可证前，（　　）。

A. 拆迁工作必须全部完成

B. 拆迁补偿安置资金全部到位

C. 拆迁工程量已完成 50%

D. 拆迁进度已满足施工的要求

12. 总承包单位和分包单位就分包工程对（　　）承担连带责任。

A. 建设单位　　B. 主管部门

C. 设计单位　　D. 监理单位

13. 工程监理的内容与业主方同一建设阶段项目管理的内容是一致的，一般包括"三控制、三管理、一协调"，而具体工程的监理内容及权限取决于（　　）的授权。

A. 施工合同　　B. 设计合同

C. 监理合同　　D. 法律法规

14. 无论是招标公告、资格预审公告，还是投标邀请书，都应当（　　）可供潜在投标人决定是否参加投标竞争所需要的信息。

A. 说明　　B. 介绍　　C. 提供　　D. 载明

15. 诚实信用是民事活动的一项基本原则，招标投标活动是以订立（　　）合同为目的的民事活动，当然也适用这一原则。

A. 买卖　　B. 采购　　C. 服务　　D. 施工

16. 应当招标的工程建设项目在办理（　　）手续后，已满足招标条件的，均应成立招标组织，组织招标，办理招标事宜。

A. 报建登记　　B. 施工许可　　C. 规划许可　　D. 招标登记

17.《招标投标法》规定，招标人应当根据招标项目的特点和（　　）编制招标文件。

A. 功能　　B. 需要　　C. 造价　　D. 工期

18.《工程建设项目施工招标投标办法》第 15 条规定，对招标文件或者资格预审文件的收费应当合理，不得以（　　）为目的。

A. 诈骗　　B. 营利　　C. 获取信息　　D. 获取资料

19. 投标人根据招标文件载明的项目实际情况编制投标文件，拟在中标后将中标项目的部分非主体、非关键性工作进行（　　）的，应当在投标文件中载明。

A. 转包　　B. 承包　　C. 分包　　D. 转让

20. 根据我国招标投标法的规定，两个以上法人或者其他组织组成一个联合体，以一个投标人的身份共同投标是（　　）。

A. 联合投标　　B. 共同投标　　C. 合作投标　　D. 协作投标

21. 在项目评标委员会的成员中，无须回避的是（　　）。

A. 投标人主要负责人的近亲属　　B. 项目主管部门的人员

C. 项目行政监督部门的人员　　　　D. 招标人代表

22. 我国招标投标法规定，开标应由(　　)主持。

A. 地方政府相关行政主管部门

B. 招标代理人

C. 招标人

D. 中介机构

23. 评标委员会成员名单在中标结果确定前应当(　　)。

A. 公开　　B. 公示　　C. 保密　　D. 保留

24. 关于评标报告，错误的说法是(　　)。

A. 评标委员会完成评标后，应当向招标人提出书面评标报告

B. 评标委员会完成评标后，应当向投标人提出书面评标报告

C. 评标报告由评标委员会全体成员签字

D. 评标委员会成员拒绝在评标报告上签字且不陈述其不同意见和理由的，视为同意评标结论

25. 根据《工程建设项目施工招标投标办法》规定：依法必须进行招标的项目，招标人(　　)确定排名第一的中标候选人为中标人。

A. 应当　　B. 只能　　C. 必须　　D. 可以

26. 生产经营单位应当安排用于配备劳动防护用品、进行安全生产培训的(　　)。

A. 场地　　B. 经费　　C. 时间　　D. 人员

27. 生产经营单位新建、改建、扩建工程项目的安全设施投资应当纳入建设项目(　　)。

A. 预算　　B. 投资　　C. 成本　　D. 概算

28. 从业人员发现事故隐患或者其他不安全因素时，应当立即向现场安全生产管理人员或者(　　)报告。

A. 本单位负责人　　　　B. 行业主管部门

C. 安全生产管理部门　　　　D. 政府有关部门

29. 有关地方人民政府和负有安全生产监督管理职责的部门的负责人接到重大生产安全事故报告后，应当立即(　　)，组织事故抢救。

A. 通知上级组织　　　　B. 安排有关人员

C. 部署有关人员　　　　D. 赶到事故现场

30. 在调查、处理伤亡事故中玩忽职守、徇私舞弊或者打击报复的，由(　　)按照国家有关规定给予行政处分；构成犯罪的，由司法机关依法追究刑事责任。

A. 企业上级主管部门　　　　B. 所在单位

C. 工商行政管理部门　　　　D. 劳动管理部门

31. 从事特种作业的安全人员必须进行培训，经过考试合格后方能上岗作业。该规定属于(　　)范畴。

A. 岗位人员的安全生产责任制

B. 项目经理责任制

C. 安全生产培训制度

D. 从事建筑活动主体负责人的责任制

32. 工程监理单位在实施监理过程中，发现存在安全事故隐患的，应当(　　)。

A. 要求施工单位整改

B. 要求施工单位暂时停止施工

C. 及时报告建设单位

D. 及时向有关主管部门报告

33. 安全生产费用应当专款专用，不得挪作他用，是（　　）安全生产基本保障措施。

A. 设计单位　　B. 建设单位

C. 施工单位　　D. 监理单位

34.《建设工程安全生产管理条例》规定，因建设工程施工可能造成损害的毗邻建筑物、构筑物和地下管线等，应当采取专项防护措施。该防护措施应由（　　）负责实施。

A. 设计单位　　B. 建设单位

C. 施工单位　　D. 监理单位

35. 安装、拆卸施工起重机械和整体提升脚手架、模板等自升式架设设施，应当编制（　　），制定安全施工措施，并由专业技术人员现场监督。

A. 拆装方案　　B. 作业方案

C. 施工方案　　D. 工作方案

36.（　　）负责中央管理的建筑施工企业安全生产许可证的颁发和管理。

A. 国家　　B. 国务院

C. 国务院建设主管部门　　D. 建设部

37. 政府对工程质量的监督管理主要以地基基础、主体结构、环境质量和与此有关的工程建设各方主体的（　　）为监督的主要内容。

A. 安全行为　　B. 质量行为

C. 工作行为　　D. 日常行为

38. 施工单位对建设工程的（　　）负责，总承包单位与分包单位对分包工程的质量承担连带责任。

A. 施工质量　　B. 施工安全

C. 施工进展　　D. 施工成本

39. 建设工程的保修期，自（　　）起计算。

A. 工程完工之日　　B. 交付使用之日

C. 竣工验收合格之日　　D. 主体验收之日

40. 施工单位超越本单位资质等级承揽工程的，责令停止违法行为；对施工单位处工程合同价款（　　）的罚款。

A. 1%～2%　　B. 2%～4%　　C. 3%～5%　　D. 5%～8%

41. 某大型项目由于未进行配套环境保护措施的技术论证，其环境影响评价文件未获批准，关于该项目的立项和开工，下列说法中，正确的是（　　）。

A. 可以先批准立项，但建设单位不得开工

B. 不得批准立项，建设单位不得开工

C. 不得批准立项，但建设单位可以先开工

D. 可以先批准立项，建设单位可以先开工

42. 在设有车间或者仓库的建筑物内，（　　）设置员工集体宿舍。

A. 禁止　　B. 不得　　C. 可以　　D. 不应

43. 根据劳动保护的有关规定，下列选项中，属于用人单位义务的是（　　）。

A. 雇佣未成年人

B. 不得雇佣未成年人

C. 对未成年工定期进行健康检查

D. 不得安排未成年工延长工作时间和夜班劳动

44. 从事建筑工程活动的人员，要通过国家任职资格考试、考核，由（　　）注册并颁发资格证书。

A. 工商行政管理部门　　B. 建设行政管理部门

C. 县级以上人民政府　　D. 中国建筑业协会

45. 公民甲与乙签订了房屋买卖合同，下列表述中，属于合同法定解除情形的是（　　）。

A. 发生了不可抗力

B. 约定交付之前，甲告知乙迟延交付

C. 约定交付之前，甲将房屋拆毁

D. 逾期经多次催告后甲才交付房屋

46.（　　）责任是指行为人不法侵害社会公共财产或者他人财产、人身权益而应承担的民事责任。

A. 违法　　B. 违约　　C. 侵权　　D. 过失

47. 违法行为与损害事实之间的因果关系，指的是违法行为与损害事实之间存在着（　　）、必然的因果关系。

A. 主观　　B. 偶然　　C. 意外　　D. 客观

48. 甲房屋装修公司在某居民小区内悬挂一块广告宣传牌，因年久失修已严重锈蚀。一日狂风大作，广告牌掉下，将正好经过此处的乙砸伤。则乙受到的损害应由（　　）承担责任。

A. 乙自行承担

B. 甲公司与乙分担

C. 主要由乙承担，甲公司可以给予适当补偿

D. 甲公司承担

49. 合同主体合格是指（　　）。

A. 合同当事人具有完全民事权利能力

B. 合同当事人具有相应的民事行为能力

C. 合同当事人具有完全民事权利能力和民事行为能力

D. 合同当事人具有相应的民事权利能力和民事行为能力

50. 可变更或可撤销合同是指合同当事人订立的合同（　　）条件时，一方当事人可以按照自己的意思，请求人民法院或者仲裁机构作出裁定，从而使合同的内容变更或使合同的效力归于消灭的合同。

A. 欠缺生效　　B. 一方有违约

C. 生效　　D. 无效

51.（　　）原则是指合同履行过程中，合同当事人讲究信用，恪守信用，以善意的方式履行其合同义务，不得滥用权利及规避法律。

A. 积极主动　　B. 公平公正　　C. 诚实信用　　D. 全面履行

52. 建设工程未经竣工验收，发包人擅自使用，其竣工日期应该是（　　）。

A. 承包人提交竣工验收报告的日期

B. 承包人实际完工的日期

C. 发包人占有建设工程的日期

D. 发包人正式使用工程的日期

53. 合同变更仅为合同(　　)的变更，所以合同的变更应当能起到使合同的内容发生改变的效果，否则不能认为是合同的变更。

A. 主体　　B. 客体　　C. 性质　　D. 内容

54. 合同权利的转让是在不改变合同权利内容的基础上，由原合同的债权人将合同的(　　)转移给第三人。

A. 权利　　B. 债权　　C. 债务　　D. 义务

55. 调解是指建设工程当事人对法律规定或者约定的权利、义务发生争议，(　　)通过查明事实，依据一定的道德和法律规范，促使双方在互谅互让的基础上，自愿达成协议从而解决争议的活动。

A. 业主　　B. 承包人

C. 双方当事人　　D. 在第三人的参加与主持下

56. 仲裁委员会受理仲裁申请后，应当组成(　　)进行仲裁活动。

A. 仲裁组　　B. 仲裁办　　C. 合议庭　　D. 仲裁庭

57. 人民法院开庭前应在(　　)日前将通知送达当事人及有关人员。

A. 2　　B. 3　　C. 4　　D. 5

58. 解决因无权(表见)代理导致的施工合同纠纷的防范措施是(　　)。

A. 避免"挂靠"

B. 加强对发包方主体资格的审查

C. 加强对授权委托书和合同专用章的管理

D. 加强对承包方资质和相关人员资格的审查

59. 双方当事人的权利义务不对等的合同属于(　　)。

A. 单务合同　　B. 双务合同

C. 诺成合同　　D. 要务合同

60. 民事诉讼是解决建设工程纠纷的重要方式。其中民事诉讼的参与人不包括(　　)。

A. 证人　　B. 第三人　　C. 审判长　　D. 鉴定人

二、多项选择题(每题 2 分。每题的备选答案中，有 2 个或 2 个以上符合题意，至少有一个错误选项。错选，本题不得分，少选，所选的每个选项得 0.5 分)

1. 在下列各项中，不予注册的情形包括(　　)。

A. 甲某曾于 1 年前因犯罪被判处管制两年

B. 乙某 5 年前因故意伤害罪被判处拘役 6 个月

C. 丙某今年已经 63 周岁

D. 丁某去年担任项目负责人期间，该项目发生重大安全事故

E. 戊某因事故中受伤，被鉴定为限制民事行为能力人

2. 债因以下事实而消灭，即(　　)。

A. 履行　　B. 提存　　C. 混同　　D. 免除　　E. 请求

3. 定金与违约金都是一方应给付对方的一定款项，都有督促当事人履行合同的作用。两者的主要区别在于(　　)。

A. 定金须于合同履行前交付，而违约金只能发生违约行为以后交付

B. 定金有证约和预先给付的作用，而违约金没有

C 定金为诺成合同，违约金为实践合同

D. 定金主要起担保作用，而违约金主要是违反合同的民事责任形式

E. 定金一般是约定的，而违约金可以是约定的，也可以是法定的

4. 建筑工程监理应当依照法律、行政法规及有关的技术标准、设计文件和建筑工程承包合同，对承包单位在(　　)等方面，代表建设单位实施监督。

A. 施工质量　　B. 施工安全

C. 施工成本　　D. 建设工期

E. 建设资金使用

5. 招标申请书是招标人向政府主管机构提交的要求开始组织招标、办理招标事宜的一种文书。其主要内容包括(　　)等。

A. 招标的理由　　B. 招标单位的资质

C. 招标工程具备的条件　　D. 拟采用的招标方式

E. 对招标人的要求

6. 投标人根据招标文件载明的项目实际情况编制投标文件，拟在中标后将中标项目的部分(　　)工作进行分包的，应当在投标文件中载明。

A. 主体　　B. 非主体

C. 关键性　　D. 非关键性

E. 一般性

7. 评标委员会成员在评标过程中擅离职守，影响评标程序正常进行；或者在评标过程中不能客观公正地履行职责的，可以做出的处分包括(　　)。

A. 给予警告

B. 取消担任评标委员会成员的资格

C. 不得再参加任何依法必须进行招标项目的评标

D. 处 1 万元以下的罚款

E. 追究刑事处罚责任

8. 下列行为属于民事法律行为的有(　　)。

A. 某建筑企业与建设单位签订施工合同

B. 税务机关征收营业税

C. 某总包单位将主体结构分包给某施工企业

D. 建设单位变更设计内容

E. 甲施工单位与乙施工单位达成联合投标协议

9. 下面关于安全生产许可证的说法正确的有(　　)。

A. 安全生产许可证的有效期为 5 年

B. 未取得安全生产许可证的企业，不得投标

C. 建设主管部门在颁发施工许可证时，必须审查安全生产许可证

D. 企业未发生死亡事故的，许可证有效期届满时自动延期

E. 企业未发生死亡事故的,许可证有效期届满时,经办证机关同意,可延期

10. 建设工程监理是指监理单位受项目法人委托,依据(　　)对建设工程实施的监督管理。

A. 建设工程监理合同　　B. 建设工程监理规划

C. 建设工程合同　　D. 国家批准的工程项目建设文件

E. 有关建设工程的法律、法规

11. 根据工程建设标准的内容划分,可分为(　　)。

A. 设计标准　　B. 强制性标准

C. 施工及验收标准　　D. 技术标准

E. 建设定额

12. 施工单位及其所属的(　　)等较大的分支机构,必须在建设工程项目中设立安全生产管理机构。

A. 分公司　　B. 技术部门

C. 工程部门　　D. 区域公司

E. 质量部门

13. 市(地、州)、县(市、区)人民政府依照规定应当履行职责而未履行,或者未按照规定的职责和程序履行,本地区发生特大安全事故的,对政府主要领导人,根据情节轻重,给予(　　)的行政处分。

A. 警告　　B. 通报批评

C. 降级　　D. 撤职

E. 开除公职

14. 安装工程一切险的除外情况主要有(　　)。

A. 因被保险人或其派遣人员蓄意破坏或欺诈行为而造成的损失

B. 因功力或效益不足而遭致合同罚款或其他非实质性损失

C. 短路、过电压、电弧所造成的损失

D. 因罢工和骚乱而造成的损失

E. 由原子核裂化或核辐射造成的损失等

15. 某建筑公司在一次建设施工过程中,出现了重大事故,对其直接负责人王某可能涉及到的刑事处罚形式有(　　)。

A. 管制　　B. 拘役

C. 罚款　　D. 剥夺政治权利

E. 没收财产

16. 下列符合"合同中执行政府定价或者政府指导价"的法律规定的是(　　)。

A. 在合同约定的交付期限内政府价格调整时,按照交付时的价格计价

B. 逾期交付标的物的,遇价格上涨时,按照平均价格执行

C. 逾期交付标的物的,遇价格下降时,按照平均价格执行

D. 逾期提取标的物或者逾期付款的,遇价格上涨时,按照新价格执行

E. 逾期提取标的物或者逾期付款的,遇价格下降时,按照原价格执行

17. 撤销权的行使期间从(　　)起计。

A. 订立合同的时间

B. 当事人权利受到侵害的时间

C. 当事人知道撤销事由的时间

D. 当事人被告知权利受到侵害的时间

E. 当事人应当知道撤销事由的时间

18. 下列关于民用建筑节能的表述中，正确的有(　　)。

A. 达不到合理用能标准和节能设计规范要求的项目，依法审批的机关不得批准建设

B. 项目建成后，达不到合理用能标准和节能设计规范要求的，验收结论为不合格

C. 建设单位不得以任何理由要求设计单位擅自修改经审查合格的节能设计文件，降低建筑节能标准

D. 施工图设计文件不符合建筑节能强制性标准的，施工图设计文件审查结论应当定为不合格

E. 监理单位应当依照法律、法规以及建筑节能标准、节能设计文件、建设工程承包合同及监理合同对节能工程建设实施监理

19. 甲向乙发出要约，当乙承诺时对要约的内容作了非实质性变更，则下列表述中正确的是(　　)。

A. 该承诺无效

B. 如果甲未反对，则该承诺有效

C. 该承诺有效

D. 如果甲及时反对，则承诺无效

E. 该承诺效力不确定

20. 定金担保的作用体现在(　　)。

A. 交付定金一方违约，需再支付与定金相同数额的款项给对方

B. 交付定金一方违约，定金不可收回

C. 接受定金一方违约，应双倍返还定金

D. 接受定金一方违约，应将定金全部退回

E. 不论谁违约，定金均可收回，并依法承担违约责任

考试模拟试题一答案

一、单项选择题

1. B	2. D	3. C	4. B	5. B	6. A	7. C	8. B	9. B	10. B
11. B	12. B	13. C	14. C	15. B	16. B	17. D	18. A	19. B	20. D
21. C	22. A	23. C	24. A	25. A	26. D	27. B	28. C	29. D	30. C
31. D	32. C	33. D	34. D	35. C	36. B	37. D	38. A	39. C	40. C
41. D	42. D	43. C	44. A	45. D	46. A	47. B	48. A	49. C	50. A
51. C	52. C	53. A	54. B	55. C	56. B	57. B	58. B	59. B	60. C

二、多项选择题

1. CDE	2. ACDE	3. CD	4. ABDE	5. BC
6. ABDE	7. ACD	8. AD	9. ABC	10. BCD
11. BCE	12. ABD	13. CD	14. ABC	15. CE
16. ABCE	17. ACD	18. ABC	19. ACE	20. BCD

考试模拟试题二答案

一、单项选择题

1. C	2. B	3. D	4. D	5. B	6. A	7. C	8. D	9. D	10. A
11. B	12. C	13. A	14. D	15. A	16. C	17. C	18. C	19. B	20. A
21. A	22. B	23. C	24. C	25. B	26. B	27. A	28. C	29. D	30. A
31. D	32. A	33. C	34. D	35. C	36. D	37. D	38. B	39. B	40. B
41. D	42. A	43. B	44. D	45. D	46. D	47. D	48. B	49. C	50. B
51. B	52. B	53. A	54. B	55. D	56. A	57. B	58. A	59. B	60. C

二、多项选择题

1. ABDE	2. ABCE	3. ABDE	4. AD	5. ADE
6. BE	7. ACDE	8. ABD	9. ABC	10. ABD
11. ABCD	12. BCE	13. ABE	14. ABC	15. ABC
16. BC	17. BDE	18. ABDE	19. BCD	20. ADE

考试模拟试题三答案

一、单项选择题

1. B	2. A	3. A	4. C	5. A	6. C	7. A	8. C	9. C	10. B
11. A	12. C	13. C	14. D	15. A	16. D	17. C	18. B	19. C	20. D
21. A	22. B	23. C	24. B	25. B	26. D	27. B	28. A	29. A	30. C
31. D	32. B	33. C	34. D	35. A	36. D	37. A	38. B	39. D	40. C
41. D	42. C	43. C	44. D	45. A	46. C	47. B	48. B	49. D	50. C
51. D	52. A	53. B	54. C	55. D	56. B	57. D	58. B	59. B	60. B

二、多项选择题

1. ABCD	2. ABCD	3. CDE	4. BCDE	5. ABCE
6. ABCD	7. ABC	8. BC	9. BC	10. ABD
11. ACE	12. ABD	13. BDE	14. ABC	15. ABCE
16. ABD	17. BCDE	18. BDE	19. BCE	20. ACD

考试模拟试题四答案

一、单项选择题

1. A	2. D	3. D	4. A	5. C	6. D	7. B	8. A	9. A	10. B
11. C	12. A	13. D	14. B	15. C	16. B	17. B	18. C	19. B	20. C
21. D	22. A	23. C	24. A	25. C	26. C	27. A	28. A	29. D	30. C
31. A	32. B	33. C	34. C	35. C	36. A	37. A	38. D	39. C	40. D
41. A	42. D	43. A	44. D	45. A	46. B	47. B	48. A	49. B	50. D
51. A	52. A	53. C	54. A	55. B	56. B	57. C	58. B	59. A	60. B

二、多项选择题

1. ABCD	2. CDE	3. ADE	4. ACDE	5. BCDE
6. AD	7. ACD	8. ADE	9. ABE	10. ACD
11. ABCD	12. BC	13. BC	14. ABD	15. ABCD
16. CDE	17. ABDE	18. ACD	19. CDE	20. ADE

考试模拟试题五答案

一、单项选择题

1. A	2. B	3. A	4. B	5. C	6. A	7. B	8. C	9. A	10. C
11. C	12. D	13. D	14. C	15. C	16. D	17. B	18. D	19. B	20. B
21. B	22. B	23. D	24. D	25. C	26. C	27. A	28. D	29. D	30. D
31. A	32. B	33. A	34. A	35. D	36. D	37. A	38. B	39. C	40. C
41. B	42. B	43. A	44. C	45. D	46. D	47. C	48. B	49. A	50. B
51. A	52. C	53. D	54. D	55. D	56. C	57. D	58. A	59. A	60. B

二、多项选择题

1. BCD	2. BC	3. ACDE	4. BD	5. BCD
6. AD	7. ABCE	8. ACDE	9. ABDE	10. ABDE
11. AD	12. BD	13. ABC	14. ABDE	15. ACDE
16. ABCE	17. ABCE	18. CDE	19. ABD	20. ABCD

考试模拟试题六答案

一、单项选择题

1. B	2. B	3. A	4. B	5. B	6. A	7. B	8. D	9. D	10. C
11. D	12. C	13. B	14. B	15. B	16. A	17. A	18. C	19. A	20. D
21. A	22. C	23. B	24. B	25. B	26. B	27. D	28. C	29. B	30. C
31. B	32. D	33. C	34. C	35. D	36. C	37. D	38. B	39. B	40. B
41. B	42. B	43. A	44. B	45. B	46. D	47. D	48. A	49. C	50. D
51. C	52. A	53. C	54. B	55. B	56. A	57. A	58. A	59. B	60. C

二、多项选择题

1. ABDE	2. ABCD	3. BD	4. ADE	5. ACDE
6. ACE	7. ACD	8. ACE	9. ACD	10. ABCE
11. ABD	12. CD	13. ABCE	14. ABDE	15. ABE
16. ADE	17. ABC	18. ACE	19. BCE	20. ACD

考试模拟试题七答案

一、单项选择题

1. D	2. B	3. D	4. D	5. B	6. B	7. C	8. C	9. B	10. B
11. B	12. A	13. C	14. A	15. D	16. D	17. D	18. D	19. D	20. C
21. A	22. A	23. D	24. B	25. C	26. C	27. B	28. B	29. B	30. A
31. A	32. B	33. A	34. A	35. D	36. A	37. D	38. B	39. A	40. A
41. D	42. D	43. A	44. B	45. D	46. D	47. A	48. B	49. C	50. D
51. C	52. D	53. B	54. A	55. C	56. C	57. B	58. A	59. B	60. B

二、多项选择题

1. ABDE	2. ABCD	3. AB	4. ABC	5. BC
6. ABE	7. BCD	8. DE	9. ABD	10. CD
11. AB	12. BC	13. ABDE	14. ABCD	15. AD
16. ACD	17. ABC	18. ABCD	19. BCDE	20. ACD

考试模拟试题八答案

一、单项选择题

1. C	2. D	3. B	4. B	5. A	6. C	7. D	8. B	9. D	10. B
11. A	12. C	13. B	14. A	15. C	16. B	17. A	18. B	19. B	20. A
21. D	22. B	23. D	24. A	25. A	26. A	27. C	28. A	29. B	30. A
31. A	32. C	33. C	34. C	35. B	36. B	37. A	38. B	39. B	40. A
41. D	42. B	43. C	44. B	45. B	46. A	47. D	48. B	49. B	50. C
51. B	52. C	53. D	54. B	55. A	56. A	57. A	58. D	59. D	60. B

二、多项选择题

1. ABDE	2. BCDE	3. DE	4. BCD	5. CDE
6. ABD	7. ABC	8. ABDE	9. ABCE	10. ABCE
11. ADE	12. BCE	13. ABE	14. ACDE	15. BCDE
16. ABDE	17. BCD	18. BCDE	19. AD	20. ABDE

考试模拟试题九答案

一、项选择题

1. B	2. A	3. B	4. B	5. B	6. A	7. A	8. A	9. D	10. B
11. C	12. D	13. D	14. A	15. A	16. C	17. B	18. B	19. C	20. A
21. C	22. A	23. D	24. A	25. A	26. C	27. A	28. C	29. B	30. C
31. A	32. B	33. C	34. D	35. D	36. B	37. B	38. D	39. A	40. D
41. B	42. A	43. A	44. D	45. A	46. D	47. C	48. C	49. A	50. D
51. A	52. B	53. B	54. D	55. D	56. B	57. B	58. C	59. D	60. C

二、多项选择题

1. ADE	2. BCDE	3. BCE	4. ACDE	5. AD
6. ABDE	7. BCDE	8. ABDE	9. AC	10. AB
11. AC	12. ACDE	13. AB	14. CDE	15. ABCD
16. ABD	17. ABDE	18. AC	19. AB	20. ABCD

考试模拟试题十答案

一、单项选择题

1. B	2. C	3. B	4. D	5. D	6. D	7. C	8. A	9. B	10. B
11. D	12. A	13. C	14. D	15. B	16. A	17. B	18. B	19. C	20. A
21. D	22. C	23. C	24. B	25. A	26. B	27. D	28. A	29. D	30. B
31. A	32. A	33. C	34. C	35. A	36. C	37. B	38. A	39. C	40. B
41. B	42. B	43. C	44. B	45. C	46. C	47. D	48. D	49. D	50. A
51. C	52. C	53. D	54. B	55. D	56. D	57. B	58. C	59. A	60. C

二、多项选择题

1. ADE	2. ABCD	3. ABDE	4. ADE	5. BCDE
6. BD	7. ADE	8. ADE	9. BCE	10. ACDE
11. ACE	12. AD	13. CD	14. ABDE	15. ABDE
16. ADE	17. CE	18. ACDE	19. BDE	20. BC